本书由
中央高校建设世界一流大学（学科）
和特色发展引导专项资金
资助

中南财经政法大学“双一流”建设文库
创|新|治|理|系|列|

外在压力与内部激励下的微观企业行为研究

王 砾 著

中国财经出版传媒集团
中国财政经济出版社

图书在版编目（CIP）数据

外在压力与内部激励下的微观企业行为研究／王砾著. -- 北京：中国财政经济出版社，2019. 12
（中南财经政法大学“双一流”建设文库. 创新治理系列）
ISBN 978 -7 -5095 -9442 -1

Ⅰ. ①外… Ⅱ. ①王… Ⅲ. ①企业行为－研究－中国
Ⅳ. ①F279. 23

中国版本图书馆 CIP 数据核字（2019）第 253436 号

责任编辑：郭爱春　　责任校对：徐艳丽
封面设计：陈宇琰

外在压力与内部激励下的微观企业行为研究
WAIZAI YALI YU NEIBU JILIXIA DE WEIGUAN QIYE XINGWEI YANJIU
中国财政经济出版社 出版

URL：http：//www.cfeph.cn
E - mail：cfeph @ cfemg.cn

社址：北京市海淀区阜成路甲 28 号　邮政编码：100142
营销中心电话：010 - 88191537
北京财经印刷厂印装　各地新华书店经销
787 × 1092 毫米　16 开　12.25 印张　200 000 字
2019 年 12 月第 1 版　2019 年 12 月北京第 1 次印刷
定价：56.00 元
ISBN 978 - 7 - 5095 - 9442 - 1
（图书出现印装问题，本社负责调换）
本社质量投诉电话：010 - 88190744
打击盗版举报热线：010 - 88191661　QQ：2242791300

总 序

“中南财经政法大学‘双一流’建设文库”是中南财经政法大学组织出版的系列学术丛书，是学校“双一流”建设的特色项目和重要学术成果的展现。

中南财经政法大学源起于1948年以邓小平为第一书记的中共中央中原局在挺进中原、解放全中国的革命烽烟中创建的中原大学。1953年，以中原大学财经学院、政法学院为基础，荟萃中南地区多所高等院校的财经、政法系科与学术精英，成立中南财经学院和中南政法学院。之后学校历经湖北大学、湖北财经专科学校、湖北财经学院、复建中南政法学院、中南财经大学的发展时期。2000年5月26日，同根同源的中南财经大学与中南政法学院合并组建“中南财经政法大学”，成为一所财经、政法“强强联合”的人文社科类高校。2005年，学校入选国家“211工程”重点建设高校；2011年，学校入选国家“985工程优势学科创新平台”项目重点建设高校；2017年，学校入选世界一流大学和一流学科（简称“双一流”）建设高校。70年来，中南财经政法大学与新中国同呼吸、共命运，奋勇投身于中华民族从自强独立走向民主富强的复兴征程，参与缔造了新中国高等财经、政法教育从创立到繁荣的学科历史。

“板凳要坐十年冷，文章不写一句空”，作为一所传承红色基因的人文社科大学，中南财经政法大学将范文澜和潘梓年等前贤们坚守的马克思主义革命学风和严谨务实的学术品格内化为学术文化基因。学校继承优良学术传统，深入推进师德师风建设，改革完善人才引育机制，营造风清气正的学术氛围，为人才辈出提供良好的学术环境。入选“双一流”建设高校，是党和国家对学校70年办学历史、办学成就和办学特色的充分认可。“中南大”人不忘初心，牢记使命，以立德树人为根本，以“中国特色、世界一流”为核心，坚持内涵发展，“双一流”建设取得显著进步：学科体系不断健全，人才体系初步成型，师资队伍不断壮大，研究水平和创新能力不断提高，现代大学治理体系不断完善，国际交流合作优化升级，综合实力和核心竞争力显著提升，为在2048年建校百年时，实现主干学科跻身世界一流学科行列的发展愿景打下了坚实根基。

“当代中国正经历着我国历史上最为广泛而深刻的社会变革，也正在进行着人类历史上最为宏大而独特的实践创新”，“这是一个需要理论而且一定能够产生理论的时代，这是一个需要思想而且一定能够产生思想的时代”①。坚持和发展中国特色社会主义，统筹推进“五位一体”总体布局和协调推进“四个全面”战略布局，实现“两个一百年”奋斗目标、实现中华民族伟大复兴的中国梦，需要构建中国特色哲学社会科学体系。市场经济就是法治经济，法学和经济学是哲学社会科学的重要支撑学科，是新时代构建中国特色哲学社会科学体系的着力点、着重点。法学与经济学交叉融合成为哲学社会科学创新发展的重要动力，也为塑造中国学术自主性提供了重大机遇。学校坚持财经政法融通的办学定位和学科学术发展战略，“双一流”建设以来，以“法与经济学科群”为引领，以构建中国特色法学和经济学学科、学术、话语体系为己任，立足新时代中国特色社会主义伟大实践，发掘中国传统经济思想、法律文化智慧，提炼中国经济发展与法治实践经验，推动马克思主义法学和经济学中国化、现代化、国际化，产出了一批高质量的研究成果，“中南财经政法大学‘双一流’建设文库”即为其中部分学术成果的展现。

文库首批遴选、出版二百余册专著，以区域发展、长江经济带、“一带一路”、创新治理、中国经济发展、贸易冲突、全球治理、数字经济、文化传承、生态文明等十个主题系列呈现，通过问题导向、概念共享，探寻中华文明生生不息的内在复杂性与合理性，阐释新时代中国经济、法治成就与自信，展望人类命运共同体构建过程中所呈现的新生态体系，为解决全球经济、法治问题提供创新性思路和方案，进一步促进财经政法融合发展、范式更新。本文库的著者有德高望重的学科开拓者、奠基人，有风华正茂的学术带头人和领军人物，亦有崭露头角的青年一代，老中青学者秉持家国情怀，述学立论、建言献策，彰显“中南大”经世济民的学术底蕴和薪火相传的人才体系。放眼未来、走向世界，我们以习近平新时代中国特色社会主义思想为指导，砥砺前行，凝心聚

① 习近平：《在哲学社会科学工作座谈会上的讲话》，2016年5月17日。

力推进"双一流"加快建设、特色建设、高质量建设，开创"中南学派"，以中国理论、中国实践引领法学和经济学研究的国际前沿，为世界经济发展、法治建设做出卓越贡献。为此，我们将积极回应社会发展出现的新问题、新趋势，不断推出新的主题系列，以增强文库的开放性和丰富性。

"中南财经政法大学'双一流'建设文库"的出版工作是一个系统工程，它的推进得到相关学院和出版单位的鼎力支持，学者们精益求精、数易其稿，付出极大辛劳。在此，我们向所有作者以及参与编纂工作的同志们致以诚挚的谢意！

因时间所囿，不妥之处还恳请广大读者和同行包涵、指正！

中南财经政法大学校长

前　言

公司财务（Corporate Finance）一直是国内外金融学和会计学学者们关注的重点研究领域。然而，随着时代的变迁和发展，我国上市公司数量不断增长，公司财务涌现出大量的新问题，而西方较为成熟的公司财务理论并不完全适用于中国独特的制度情境，且互联网和大数据的日新月异发展也为公司财务理论带来诸多新的挑战，我国仍然面临着理论研究滞后于实践的现状。在这样的背景下，有学者呼吁，研究者们应提出更多基于东方独特管理情境、能够解决重大社会需求的创新理论和学术架构，特别是将亚洲国家特有的制度环境和文化价值观与西方国家区分开来。中国情境之所以独特，正是在于其复杂性、多样性、动态性和制度依赖性。近年来，中国有关公司财务的研究形成了内外交叉融合研究的新趋势，公司财务的研究重点也从单纯研究企业内部的财务管理转向研究内部和外部环境的互动关系下企业的财务行为。在本书中，我们延续内外部因素如何影响公司行为这一研究思路，试图探究企业在面临外在压力与内部激励环境下的行为决策。

本书拟在追踪国际最新财务理论前沿的基础上，植根于中国本土情境，突破现有研究视野和方法体系的局限，深入考察外在压力与内部激励是否会对企业行为决策产生影响及其潜在的作用机制。我们分别选取产品市场进口竞争、空气质量和高铁开通作为企业所面临的外部环境压力考察其对企业投资决策、人力资本以及审计费用的影响；以及选取上市公司员工持股计划和企业成本粘性作为企业所面临的内部激励考察其公告效应以及对企业生产率的影响。这些基于我国独特制度情境下丰富的企业内外部环境，为本书研究外部压力与内部激励下的微观企业行为提供了理想的研究场景。研究方法和结论不仅丰富了我国宏观制度环境、微观企业环境、企业财务行为以及资本市场影响等领域的相关成果，也具有一定的现实意义。

本书主要研究结论如下：

（1）通过梳理已有文献对我国企业基于外在压力和内部激励两类研究场景下的制度背景，挖掘出国内该领域有待深入挖掘的研究问题。具体来说，本书重点选择了公司金融领域内近期较为热门的话题，如企业投资效率、人力资本结构、审计定价、股票市场反应和企业生产率等行为作为切入点来实证考察内外部环境对企业行为决策的影响及作用机制。

（2）本书基于制造业关税数据和上市企业的微观数据，考察了关税削减所带来的进口竞争对企业投资效率的影响。研究发现，进口竞争能够显著提高企业的投资效率，且对投资过度和投资不足均有改善作用。从企业所处的外部环境以及企业自身特征来看，进口竞争对企业投资效率的积极作用在市场化进程较慢的地区、产品市场竞争程度较低的行业中的公司、国有企业和非出口企业中表现更为显著。影响机制的分析结果表明，进口竞争主要通过提高公司的治理水平、增加人力资本和研发投入进而对企业投资效率产生影响。

（3）本书考察了空气质量对企业人力资本的影响。研究表明：空气污染显著提升了企业员工的流失率。为了解决空气质量与企业员工流动的反向因果偏误，本书选取气象学中的“逆温强度”作为空气质量的工具变量来缓解内生性问题，并发现了一致的结论。结合行业和企业自身特征来看，企业员工流失主要体现在行业人均薪酬较低、企业员工学历较高以及行业竞争程度较高的企业组别之中。进一步研究发现空气污染会导致企业员工流失的概率增大，同时使得企业劳动力雇佣不足的概率显著上升。

（4）本书利用高铁开通这一准自然实验，采用双重差分法考察了高铁开通对企业审计收费的经济后果及影响机制。研究结果表明高铁开通会显著提升所在地上市公司的审计收费，按照“最小路径树”的思想构造工具变量缓解内生性并发现一致结论。从企业自身特征和企业所处的外部环境来看，高铁开通对企业审计收费的提升作用在国有企业、非“四大”会计师事务所审计企业、市场化进程较慢的地区和产品市场垄断程度较高的行业中的公司中表现更为显著。影响机制结果表明，高铁开通主要通过提高所在地企业的经营风险，从而带来了审计溢价。

（5）本书利用 2014 年至 2015 年 9 月 30 日之间发布员工持股计划（ESOP）草案公告的 A 股上市公司作为实验组样本，研究发现：投资者对公告的反应显著为正，体现了员工持股计划对企业员工的激励效应。国有企业发布员工持股计划的公告反应更为显著，当推行员工持股计划的企业员工教育水平越高，市场反应也越显著，另外，ESOP 草案的差异也会影响投资者的反应。本书的结论肯定了当前员工持股计划对上市公司，尤其是对国有企业的积极作用。同时也表明在完善公司激励机制的过程中，应考虑与员工对企业发挥的作用相配合，这对当前员工持股计划的实施具有参考意义。

（6）本书以 Weiss（2010）模型为参照构造了企业层面的成本粘性，研究了成本粘性对企业生产率的影响。研究发现成本粘性显著降低了企业生产率。为了控制可能的内生性，我们引入《劳动合同法》这一外生工具变量并发现一致的结论。进一步引入产权、市场化程度和和行业竞争，我们发现，企业的成本粘性对生产率的抑制作用在地方国有产权、市场化水平低以及行业竞争高的情况下更为显著。本书进一步选取了制造业这一子样本和将因变量取未来一期分别进行了回归，验证了结论的稳健性。

本书的研究具有一定的探索性，主要特色为，综合运用理论分析、计量分析、案例与文献分析等方法，对我国企业基于外在压力和内部激励两类研究场景下的行为决策进行了全面而深入的研究，研究方法和内容不仅丰富了我国宏观制度环境、微观企业环境、企业财务行为以及资本市场影响等领域的相关成果，也具有一定的现实意义。读者可以通过对本书的整体阅读，对相关学术问题进行多角度、全方位的了解。另外，结合当前文献的思考和深化，在本书的第八章也列出了未来可能的拓展方向或研究议题，希望能够引起读者及科研人员的兴趣和启发。

本书为国家自然科学基金青年项目“企业违规行为的制度约束因素及其资本市场溢出效应研究”（批准号：71902185）和湖北省社科基金一般项目（后期资助项目）“政治压力与企业微观行为——基于外在监督和内部激励的研究”（批准号：2018046）的阶段性研究成果。

受笔者学识、水平以及时间的限制，尽管已力求完善，但书中难免存在纰漏和考虑不周全之处，恳请各位读者批评指正。

王　砾

2019 年 12 月于武汉

目　录

第一章 总　论

第一节 问题的提出及意义

公司财务一直是国内外金融学和会计学学者们关注的重点研究领域，在过去的20年间，我国学者在追踪国际最新财务理论前沿的基础上，植根于中国本土情境，积极探索具有中国特色的公司行为的影响因素、经济后果以及内在机制，包括且不限于对投融资、兼并收购、资本结构、股利分红、现金持有、高管薪酬、技术创新等公司内部行为的深入研究，为中国本土的公司财务研究奠定了良好的基础。

然而，随着时代的变迁和发展，公司财务涌现出大量的新问题，而西方较为成熟的公司财务理论并不完全适用于中国独特的制度情境，且互联网和大数据的日新月异发展也为公司财务理论带来诸多新的挑战。在这样的背景下，近年来公司财务的研究形成了内外交叉融合研究的新趋势，公司财务的研究重点也从研究企业内部的财务管理转向研究内部和外部环境的互动关系下企业的财务行为，从单学科、纯财务管理问题的研究向多学科交融、复合式的财务管理问题的研究发展。总体上看，此间有关我国公司财务的研究具有两个典型的特征：一是引入公司治理，探索中国独特治理环境下的公司财务问题，即公司的内部和外部治理因素如何影响公司的财务绩效和决策行为；二是跨学科的交叉融合，探索公司财务和资本市场与文化、政治、社会网络、生物学、信息学等之间的关系（吴世农，2018）。

在本书中，我们延续内外部因素如何影响公司行为这一研究思路，试图考察企业在面临外在压力与内部激励环境下的行为决策。我们分别选取产品市场进口竞争、空气质量和高铁开通作为企业所面临的外部环境压力考察其对企业投资决策、人力资本及审计费用的影响；并选取上市公司员工持股计划和企业成本粘性作为企业所面临的内部激励考察其公告效应以及对企业生产率的影响。这些基于我国独特制度情境下丰富的企业内外部环境，为本课题研究外部压力与内部激励下的微观企业行为提供了理想的研究场景。而中国情境之所以独特，在于其复杂性、多样性、动态性和制度依赖性等特征，这对于我们研究公司行为，既是困难与挑战，更是难得的研究机会和创新机遇。因此，我们对本书课题的研究对构建中国特色的公司财务理论具有重要的理论价值和现实意义。

第二节 研究思路、总体框架与主要内容

一、研究思路

首先，本书重点对我国企业基于外在压力和内部激励两类研究场景下的制度背景进行了概述，并对与本书研究主题相关的企业行为的文献进行了系统梳理和回顾，为本书的研究在理论上提供依据，同时找出国内该领域有待深入挖掘的研究问题。

其次，关于研究“基于外在压力视角下的微观企业行为”这一问题的研究思路和方法，我们选取了产品市场进口竞争、空气质量和高铁开通这三个切入点作为企业所面临的外部环境压力。具体而言，在本书实证的第一部分，我们利用进口关税削减作为准自然实验来考察进口竞争对企业投资效率的影响，同时针对企业所处外部环境和自身特征的差异进行分组考察上述影响的异质性。另外，本书还分析了进口竞争对公司治理和人力资本及研发投入等方面的影响，阐述了贸易自由化对企业投资决策的影响及其潜在机制。在本书实证的第二部分，我们考察了我国空气质量对企业人力资本的影响，基于微观企业层面的员工流失，评估了空气污染的经济后果，并选取气象学中的“逆温强度（Thermal Inversions）”作为空气质量的工具变量缓解潜在内生性，在此基础上结合员工特征和外部环境深入探讨其内在影响机制。在本书实证的第三部分，我们利用高铁开通这一准自然实验，采用双重差分法考察了高铁开通对企业审计收费的经

济后果及影响机制，并按照“最小路径树”的思想构造工具变量缓解内生性，从审计师的视角进一步丰富和补充了“高铁经济学”对资本市场的研究。对于上述三个章节，我们采用规范分析与实证分析、定量分析与定性分析相结合的研究方法，综合运用双重差分回归法以及工具变量法等构造实证模型，对企业所处外部压力如何影响其行为决策进行综合考察。

再次，关于研究“基于内在激励视角下的微观企业行为”这一问题的研究思路和方法，我们选取了上市公司员工持股计划和企业成本粘性两个切入点作为企业所面临的内部激励。具体而言，在本书实证的第四部分，我们利用2014年至2015年9月30日期间发布员工持股计划草案公告的A股上市公司作为实验组样本考察投资者对公告的市场反应，并进一步基于企业产权、员工学历和员工持股计划草案的差异探讨上述市场反应的异质性。在本书实证的第五部分，我们以Weiss（2010）模型为参照构造了企业层面的成本粘性测度，研究了成本粘性对企业生产率的影响，并引入《劳动合同法》这一外生工具变量缓解潜在的内生性问题。在这两个章节中，我们采用多元回归分析、事件研究法、倾向得分匹配法以及工具变量法等研究方法对理论模型加以验证，并较好地解决了内生性。

综上所述，本书的研究内容具有紧密的逻辑关系，第一部分通过制度背景介绍和文献综述厘清了本书的理论体系和分析框架。在后面两大部分，共五个章节的实证研究中，分别从企业所面临的外在压力与内部激励的视角，全面且详细地研究了贸易自由化下的产品市场进口竞争、空气质量、高速铁路开通、公司员工持股计划以及企业成本粘性对企业行为的影响机制及经济后果。最后针对上述结论得出本书的总结论，对我国外在压力与内部激励对企业行为的影响和作用机制进行归纳和评价，并提出相应政策建议和未来研究方向。

二、总体框架与内容结构

本书主要分为四个部分：第一部分（第二章）对我国企业基于外在压力和内部激励两类研究场景下的制度背景做基本介绍，并梳理回顾国内外的相关文献。第二部分（第三章至第五章）主要选取产品市场进口竞争、空气质量和高铁开通这三个切入点作为企业所面临的外部环境压力，分别考察其对企业投资决策、人力资本以及审计费用的影响。第三部分（第六章至第七章）主要选取上市公司员工持股计划和企业成本粘性两个切入点作为企业所面临的内部激励，分别考察其公告效应以及对企业生产率的影响。第四部分（第八章）则对全书的主要结论进行总结，并提出需要进一步探讨的问题。

本书的内容具体安排如下：

第二章介绍了本书的制度背景及相关文献综述。一方面，本书阐述了贸易自由化引致的产品市场进口竞争、我国空气质量水平、中国高速铁路建设、上市公司员工持股计划以及我国企业成本粘性与《劳动合同法》颁布的背景、发展历程和现状。另一方面，本书对上述主题的相关文献进行了回顾综述。这些基于我国独特制度情境下丰富的企业内外部环境，为本书研究外部压力与内部激励下的微观企业行为提供了良好的背景与契机。

第三章基于制造业关税数据和上市企业的微观数据考察了关税削减所带来的进口竞争对企业投资效率的影响。研究发现：第一，进口竞争能够显著提高企业的投资效率，且对投资过度和投资不足均有改善作用。第二，进口竞争对企业投资效率的积极作用在市场化进程较慢的地区、产品市场竞争程度较低的行业中的公司、国有企业和非出口企业中表现更为显著。第三，影响机制结果表明，进口竞争主要通过提高公司的治理水平、增加人力资本和研发投入对企业投资效率产生影响。

第四章考察空气质量对企业人力资本的影响。研究表明：第一，空气污染显著提升了企业员工的流失率。第二，为了解决空气质量与企业员工流动的反向因果偏误，本书选取气象学中的“逆温强度”作为空气质量的工具变量来缓解内生性问题，并发现了一致的结论。第三，企业员工流失主要体现在行业人均薪酬较低、企业员工学历较高以及行业竞争程度较高的企业组别之中。第四，稳健性检验显示，空气污染会导致企业员工流失的概率增大，同时使企业劳动力雇佣不足的概率显著上升。

第五章利用高铁开通这一准自然实验，采用双重差分法考察了高铁开通对企业审计收费的经济后果及影响机制。研究结果表明：第一，高铁开通会显著提升所在地上市公司的审计收费，按照“最小路径树”的思想构造工具变量缓解内生性并发现一致结论。第二，从企业自身特征和企业所处的外部环境来看，高铁开通对企业审计收费的提升作用在国有企业、非“四大”会计师事务所审计企业、市场化进程较慢的地区和产品市场垄断程度较高的行业中的公司中表现更为显著。第三，影响机制结果表明，高铁开通主要通过提高所在地企业的经营风险，从而带来了审计溢价。

第六章利用2014年至2015年9月30日之间发布员工持股计划（ESOP）草案公告的A股上市公司作为实验组样本，研究发现：第一，投资者对公告的反应显著为正，体现了员工持股计划对企业员工的激励效应。第二，国有企业发布员工持股计划的公告反应更为显著，当推行员工持股计划的企业员工教育水平越高，市场反应也越显著。第三，ESOP草案的差异也会影响投资者的反应。

第七章以Weiss（2010）模型为参照构造了企业层面的成本粘性，研究了成本粘性对企业生产率的影响。研究发现：第一，成本粘性显著降低了企业生产率。为了控制可能的内生性，我们引入《劳动合同法》这一外生工具变量并发现一致的结论。第二，进一步引入产权、市场化程度和行业竞争度，我们发现，企业的成本粘性对生产率的抑制作用在地方国有企业、市场化水平较低以及行业竞争程度较高的情况下更为显著。第三，本书选取了制造业这一子样本和将因变量取未来一期分别进行了回归，验证了结论的稳健性。

第八章为研究结论与展望。本章节基于全文的理论分析与实证结果，对本书的主要发现进行整理和总结，拟提出具有参考价值的政策建议，同时也对本书可能存在的局限性进行说明，并提出未来可能继续深入展开的研究方向。

第三节 研究方法、特色与主要贡献

与以往的研究相比，本书对我国企业基于外在压力和内部激励两类研究场景下的行为决策进行了全面而深入的研究，在研究方法和研究内容方面均存在着创新之处。在研究方法上，本书主要采用了OLS回归方法进行了实证检验，并通过事件研究法（Event Study）、双重差分回归方法（DID）、倾向得分匹配法（PSM）、两阶段工具变量回归方法（IV）以及安慰剂检验等方法比较干净地识别出了外在压力和内部激励对企业行为的净效应。

在研究内容方面，本书可能的创新和贡献主要存在以下五点。

第一，从上市公司投资效率的视角为贸易自由化对企业带来的收益提供了经验证据。已有关于贸易自由化方面的文献主要集中于讨论贸易自由化之后，进口竞争是如何影响国内企业的投入和产出，而鲜有文献探讨对管理者在投资决策方面的影响。因此，本书的研究结论能够为企业投资效率的影响因素提供新的证据，同时，通过产品市场竞争这一桥梁，也有利于进一步理解我国宏观经济政策与微观企业行为之间的互动关系。另外，传统以企业销售收入计算的赫芬达尔指数反映产品市场竞争程度在衡量方面不够精准，以关税削减来衡量进口竞争，有助于更好地识别因果关系。最后，本书还试图解释并回答经济全球化中企业出现的新现象和新问题，为发挥中国积极引导经济全球化进程向着更加包容普惠的方向发展提供理论和经验探索，从投资结构的角度为我国企业应对经济全球化和贸易自由化浪潮冲击提供政策建议。

第二，扩展了空气质量对人力资本影响的研究范围。Graff Zivin and Neidell（2013）认为，空气污染对人力资本的经济后果是近年来的一个新兴领域，以往研究多从省份或城市等宏观层面考察空气污染如何对劳动力市场上劳动者的供给意愿与供给数量产生影响，本书则是从员工流失这个新的视角，在微观企业层面创新性地考察空气质量的人力资本效应。另外，已有文献主要从管理学和心理学的角度，以员工个体为分析单位，通过分析员工离职的心理决策过程，根据问卷调查挖掘和分析出影响员工离职倾向的各种因素，而本书创新性地从空气质量这样的外部环境的视角，对企业员工的自由流动行为赋予了新的解释。最后，基于气象学中逆温产生的自然原理我们构建了“逆温强度”作为空气质量的工具变量，并充分考虑了工具变量的相关性和排他性，较为合理地解决了内生性问题。

第三，已有文献主要从宏观和中观层面研究了高铁的经济效应，微观层面的研究仍比较有限，特别是鲜有对资本市场中审计师这一重要主体行为的详细考察。本书从审计师收费的视角进一步丰富和补充了“高铁经济学”对资本市场的研究，并为我国高铁建设对资本市场参与者的影响提供进一步的经验证据。一方面，高铁的开通促进了信息环境的透明度，提高了审计师的信息优势，但另一方面，也会增加企业的竞争程度和经营风险。本书对上市公司及政策制定者都具有重要的参考作用，这为评估我国高铁建设的微观政策效果提供了来自资本市场的直接经验证据，对学术界和监管部门深入理解上市公司审计这一重大经济课题具有重要的现实意义。

第四，当前国内关于员工持股制度的研究更多地集中在对制度建设的讨论，提供实证证据的文献较少，通过对我国目前上市公司推行员工持股计划的市场反应的检验，可以初步地肯定这一政策的适宜性，为鼓励上市公司引入员工持股制度提供数据佐证，同时也丰富了我国员工持股计划的相关文献。通过对企业产权性质考察，我们认为在国有企业中引入员工持股制度，能够更好地推动国企改革，完善企业的激励机制，进一步建立现代企业制度。同时，员工持股计划的激励效应与员工在企业内部所发挥的作用也密切相关。

第五，学术界对成本粘性的研究大多集中在成因和影响因素上，对其经济后果的考察文献较少，本书将成本粘性的经济后果延伸到了企业全要素生产率上，拓宽了研究视角，也丰富了企业生产率的影响因素方面的相关文献。另外，本书引入《劳动合同法》这一外生冲击变量作为企业成本粘性的工具变量验证了研究对象，也为成本粘性定量模型的合理性和有效性提供了实证计量支持。本书还区分了我国微观企业产权制度和宏观市场情况，分组考察了成本粘性对生产率的影响，发展了宏观政策与微观企业行为领域的文献，为我国进一步加强地方国企管理层监督、推进信息披露制度以及加快全国市场化进程步伐等政策提供了实践借鉴。

第二章 制度背景与文献综述

第一节 基于外在压力视角下的研究场景

一、贸易自由化下的产品市场进口竞争

当前，在“逆全球化”浪潮愈加高涨和贸易保护主义有所抬头的背景下，全球范围内的贸易战一触即发，但建设开放型世界经济、促进贸易和投资的自由化仍然是推进经济全球化发展的长期趋势。在2016年杭州B20峰会上，习近平主席提出“轻关易道，通商宽农”，即构建有利于促进全球贸易开展的关税体系，消除贸易壁垒，以开放的心态融入全球化贸易竞争中，深化合作、互惠共赢。现阶段中国经济发展进入增速放缓的新常态，面对经济下行压力，党的十八届五中全会通过的“十三五”规划建议中，强调要着力推进供给侧结构性改革，即通过改革促进创新、提高生产效率和提高产品市场竞争力的方式来促进经济增长。而从微观企业的视角，即是要矫正企业资源的配置扭曲，调整企业的投资结构，促进企业进行研发创新，最终实现转型升级。中国于2001年12月11日成为世界贸易组织（WTO）成员并开始履行进口关税削减义务，该事件可被视为在我国经济与制度背景下的一项外生的准自然实验。自中国加入世界贸易组织以来，降税和削减非关税措施承诺正逐步兑现，至2010年1月1日，我国加入世界贸易组织降税承诺已经全部履行完毕，关税总水平由2001年的15.3%降至9.8%，其中农产品平均税率为15.1%，工业品平均税率为8.9%[①]。2017年1月9日商务部印发《对外贸易发展“十三五”规划》，指出“实行积

① 资料来源：http：//www.gov.cn/jrzg/2013－11/22/content_2532693.htm.

极的进口政策”是外贸工作八大任务之一。具体措施为：“鼓励先进技术设备和关键零部件进口。完善进口贴息政策，及时调整《鼓励进口技术和产品目录》，加大进口信贷支持力度，扩大先进技术、关键设备及零部件等进口，鼓励企业引进消化吸收再创新，促进国内产业结构调整和优化升级，提高国际竞争能力”①。同年，财政部发布消息表示自 2017 年 12 月 1 日起，以暂定税率方式降低部分消费品进口关税，平均税率由 17.3% 降至 7.7%②。进口关税的削减在促进贸易自由化的同时，也使国内企业将面临更加激烈的竞争环境（Bloom et al.，2016），从而影响微观企业的行为决策。

结合现有文献的分析，贸易自由化通过加剧行业竞争对手的进入威胁，显著降低了对本土企业的保护程度，削减本土产品的价格优势和垄断利润，从而引发了激烈的产品市场进口竞争（简泽等，2014；Lu and Yu，2015）。关于贸易自由化带来的进口竞争的影响作用，部分文献从宏观和中观层面展开进行了研究。从国家层面来看，从事对外贸易的国家更可能获得国际技术外溢，如获得外国直接投资（Keller and Yeaple，2009）、进口高质量的中间产品或通过学习效应获益（Augier et al.，2013）。通过开放经济的技术扩散，进口国可提高自身技术水平（Grossman and Helpman，1991）和创新能力（Amiti and Koning，2007；盛斌和毛其淋，2012）。从地区行业层面来看，贸易自由化引致的竞争效应能够促使资源更有效地配置，通过企业间的优胜劣汰实现整个行业生产率的提升（Melitz，2003），对我国产业结构升级（周茂等，2016）和制造业就业（毛其淋和许家云，2016）具有显著的促进作用，并有效降低了行业内工资不平等程度（李清如等，2014）。

然而，需要指出的是，在理解进口竞争的影响作用时，从企业层面的微观视角来分析是不可或缺的。从微观企业层面来看，关税削减带来的进口竞争可能产生正反两方面的经济后果：一方面，进口竞争可能为企业带来消极效应，已有研究表明，激烈的产品市场进口竞争增加了国内企业经营环境的不确定性，导致企业盈余和业绩波动加剧（Mattei and Platikanova，2017）。风险暴露使企业管理者的决策更加谨慎（Bloom et al.，2007），分析师盈利预测更为困难；同时，环境不确定性会诱导企业迫于竞争压力实施盈余操纵并降低企业信息披露质量（Verrecchia and Weber，2006；Dedman and Lennox，2009）。此外，文献证

---

① 资料来源：http://www.mofcom.gov.cn/article/ae/ai/201701/20170102498336.shtml.
② 资料来源：http://gss.mof.gov.cn/zhengwuxinxi/zhengcefabu/201711/t20171123_2755506.html.

据表明激烈的产品市场竞争会通过增加企业经营业绩的不确定性对其融资成本、资本投资、股利政策、股票价值以及股价崩盘风险等产生负向影响（Hoberg et al.，2014；Fresard and Valta，2015；Irvine and Pontiff，2009；Valta，2012；Li and Zhan，2014）。另一方面，进口竞争还存在更多潜在的积极效应。首先，当贸易壁垒降低时，迫于更激烈的进口竞争，国内企业必须竭力提升自身生产率以期在市场中继续存活（Helpman and Krugman，1985），进口竞争通过实现资源优化再分配使得稀缺资源将被释放给更有效率的企业（Rodrik，1992）。其次，产品市场竞争作为一种外部治理机制能够有效地监督企业管理层，缓解股东与管理层之间的代理问题（Schmidt，1997；Baggs and Bettignies，2007）。再次，产品市场竞争能够约束高管在报告经营业绩时的机会主义行为（Balakrishnan and Cohen，2011）、提高企业会计信息稳健性（Dhaliwal et al.，2008）、降低企业应计盈余和真实盈余操纵（Laksmana and Yang，2012），通过提高企业信息披露水平，降低信息不对称性从而进一步缓解了代理问题。最后，进口竞争的溢出效应能促使国内企业增加在人力资本和研发方面的投资，促进企业增加对高技能员工的需求并将员工分配到更具创新和技术的公司中（田巍和余淼杰，2014；Hansson，2000；Augier et al.，2013；Bloom et al.，2016），这也激励国内企业加强对人才的培养和引进，有利于企业技术创新和生产效率的提升（余淼杰，2011；黎文靖和郑曼妮，2018），并将使国内整体的人力资本水平得到提高（李平和姜丽，2015）。

基于人力资本溢出效应，进口竞争使本国引入国外先进的产品和技术的同时，势必也会引入国外先进的人力资本，通过与国外具有先进技术和管理经验的高素质人才的交流，将会提升本国企业人力资本水平（李平和姜丽，2015），而人才作为企业技术创新的核心，是推动研发和投资活动的关键所在（代昀昊和孔东民，2017）。基于公司治理效应，进口竞争通过加剧产品市场竞争，带来企业经营压力与破产威胁，因而对公司经理人发挥着积极的监督与约束作用，能够有效激励企业管理者提高公司治理水平、缓解委托—代理问题，进而提升企业投资效率。因此，综上所述，进口竞争对企业行为决策的影响机制可能体现在对企业整体人力资本水平和公司治理水平的提升上。

二、空气质量与人力资本

长期以来，我国经济的高速增长和生态环境的深刻变革已经成为社会发展过程中的两大明显特征，过度依赖能源消耗的粗放型经济发展模式使我国不得不面临经济发展所带来的生态失衡和环境污染问题。其中以大气污染问题尤为突出，世界银行的研究报告显示：全球污染最严重的 20 个城市中，中国占了 16 个[①]。2010 年全球疾病负担研究报告认为，空气污染是影响中国民众健康的第四大因子（Yang et al.，2013）。空气质量问题涉及福祉民生，与每个人的生活息息相关，一直是国内外学术界和普通民众所共同关心的一个重点话题。经济学领域已有大量经验证据通过建立巧妙的因果识别发现空气污染确实会危害人体健康：Pope（1989）、Ransom 和 Pope（1992，1995）通过构造 DID 的方法，发现轧钢厂的关闭通过减少空气中的悬浮微粒，显著地降低了当地的学校缺勤率、医院呼吸类疾病的入院率以及死亡率。Chay 和 Greenstone（2003）发现美国 20 世纪 80 年代初期的经济衰退带动的制造业放缓使空气中排放的总悬浮颗粒物（TSPs）减少，从而降低了婴儿的死亡率。无独有偶，Currie 和 Neidell（2005）发现美国加利福利亚州 20 世纪 90 年代一氧化碳排放的减少拯救了大约 1000 个婴儿的生命。Jayachandran（2009）利用自然外生事件——印度尼西亚的一场火灾，发现其带来的空气污染大约导致两岁以下的儿童死亡率增加了 17%。Anderson（2015）通过考察美国洛杉矶公路上风向和下风向的死亡率差异，发现由于下风向污染物浓度要强于上风向，每在公路下风向多暴露一个标准差的时间，死亡率就会上升 5%—6%。陈硕和陈婷（2014）发现火电厂二氧化硫排放量每增加 1%，万人中死于呼吸系统疾病及肺癌的人数将分别增加 0.055 和 0.005。He、Fan 和 Zhou（2016）以中国 2008 年北京奥运会"突击治霾"作为自然实验，发现 PM10 的下降能显著降低死亡率。

空气污染不仅仅影响死亡率，同时也会给人体健康带来不利影响。Currie、Neidell 和 Schmieder（2009）证实母亲怀孕后期三个月接触到的一氧化碳均值，每增加一单位会提高 8% 的低出生体重婴儿的风险概率。Currie 和 Walker（2011）发现引进电子收费系统（E-ZPass）后，由于减少了高速公路收费站附近的交通拥堵，毗邻地区居民的婴儿早产和低出生体重比率降低了约 11%—12%。Sanders 和 Stoecker（2011）考察性别比例发现，年均大气总悬浮颗粒物

① 中国是目前世界上最大的二氧化硫（SO_2）和二氧化碳（CO_2）排放国；中国 58% 的城市大气年均 PM10（直径 10 微米以下的可吸入颗粒物）浓度超过 $100\mu g/m^3$，相比之下，美国全国年均 PM10 浓度为 $50\mu g/m^3$（王敏和黄滢，2015）。严重的空气污染对中国居民健康产生了极大的危害：因空气污染导致的健康成本对中国的影响早在 2003 年已达到 GDP 的 1.16%—3.8%（World Bank，2007）

（TSPs）会显著降低男性婴儿的出生概率。Chen et al.（2013）把中国对淮河以北地区冬季提供免费烧煤供暖的政策作为一个天然的自然实验，研究发现烧煤会使得淮河以北地区大气中的总悬浮颗粒物（TSPs）比淮河以南地区高出55%，且人均寿命也相应较之减少5.5年。Ebenstein et al.（2015）发现空气污染显著阻碍了中国人的健康改善。综上所述，这些研究均一致地发现空气污染和人体健康之间存在着显著负向关系。

除了空气污染对传统人体健康因素的考察以外，经济学家的研究领域逐渐开始向其他经济后果领域延伸。Lepori（2009）、Hu et al.（2014）、郭永济和张谊浩（2016）基于心理层面研究了空气质量对股票市场的影响。Zheng et al.（2014）、黎文靖和郑曼妮（2016）、石庆玲等（2016）从政治激励的角度研究了空气质量对政府官员的影响。近年来，部分学者开始关注空气质量对人力资本的影响，包括劳动力供给、生产力以及认知能力（Graff Zivin and Neidell，2013）。由于人力资本主要来源于学校和工作，我们从这两个方面对相关文献进行了整理，具体来说：

第一，学校层面。Currie et al.（2009）发现即使一氧化碳（CO）浓度并没有超过美国联邦的空气质量标准，高的CO仍然会显著提高学校的学生缺勤率。Ransom和Pope（1992）、Gilliland et al.（2001）、Park et al.（2002）也发现了空气污染对学生缺勤率有显著影响。由于学校是培育人力资本的重要载体，在校缺勤可能意味着对人力资本发展的阻碍（Grossman和Kaestner，1997）。这一方面体现在，孩子可能因为空气污染引发哮喘或肺部疾病导致无法上学而缺勤；另一方面，空气中的有害物质（如PM2.5和CO）可能会损伤孩子的认知能力或脑部发育，导致无法集中注意力（Graff Zivin和Neidell，2013），进而影响课程学业成绩（Zweig et al.，2009；Lavy et al.，2012；Stafford，2015）。

第二，工作层面。与学生一样，空气污染同样也会影响员工的出勤和工作情况。Hanna和Oliva（2015）考察墨西哥一家大型精炼厂的倒闭对周边劳动力的供给情况发现，精炼厂的关门降低了19.7%的二氧化硫排放量，使得周边居民每周工作时间延长3.5%，即1.3个小时。Graff Zivin和Neidell（2012）利用计件合同农业工人的独特数据集，考察空气质量对其工作效率的影响，发现臭氧浓度的降低能显著提高工人的生产率。Chang et al.（2016a）对梨子打包工厂研究发现，户外空气中渗透能力强的PM2.5会显著降低室内工人的工作效率，但穿透能力不强的污染物（例如臭氧）几乎无明显影响。Chang et al.（2016b）对中国携程公司两个电话呼叫中心的研究发现，空气污染会通过降低员工每日接听的电话数量从而降低员工的工作效率。He Jiaxiu、Haoming Liu 和 Alberto Salvo（2018）通过对江苏和河南两个公司员工层面日产出的独特数据考察也发现，PM2.5 会显著降低员工的日均产出。Lichter et al.（2017）甚至发现，空气污染会对职业球员的表现产生负面影响，颗粒物污染增加1%时，比赛传球次数会降低2%。

空气质量除了会影响工作时长和工作效率外，Qin 和 Zhu（2018）[①] 对百度指数上“移民”的搜索频率研究发现，空气污染会提升中国民众的移民意愿。同样，Chen et al.（2017）发现空气污染对净移民的影响随教育程度提升而上升。Deng 和 Gao（2013）发现对于总部处于污染更重、犯罪率更高或其他糟糕的工作环境导致的“生活品质”较差的州时，这些企业往往比那些总部坐落于更宜居地区的企业支付给 CEO 更高的货币薪酬，这代表良好的生活和工作环境对员工而言意味着一种非货币收益，是对货币薪酬的替代性补偿。

综上所述，空气质量影响人力资本的途径，除了传统文献认为通过影响身体健康可作用于短期（Strauss 和 Thomas，1998；Currie 和 Stabile，2006）和长期（Currie 和 Hyson，1999）人力资本外，近年来新起的文献从劳动力供给、生产力、认知能力的形成和社会表现等方面入手，对空气质量和人力资本的关系进行了更深层次的阐述。由于人力资本可被视为经济增长的重要引擎（Romer，1986），空气质量对人力资本的影响会在长期对经济增长产生重大、深远且不可忽略的影响。

三、中国高速铁路的发展与影响

交通基础设施建设对于国家和地区经济增长有着显著的推动作用（张勋等，2018）。从宏观层面来看，大多数研究发现基础设施投资，特别是高速公路、机场等交通基础设施建设能有效促进区域人口、就业、国民收入水平和区域经济的增长（Donaldson 和 Hornbeck，2016；刘生龙和胡鞍钢，2011），且由于集聚效应的存在，交通基础设施建设对地区间经济增长的影响还存在区域异质性，加速了经济活动从小城市向中心大城市的聚集（Banerjee，2012；Faber，2014）。而从微观企业层面来看，交通设施建设的改善能通过减少企业库存、节约运输成本和商旅时间等方式降低了企业的投入和产出成本，从而提高了企业的全要

---

① Qin Y., Zhu H. Run away? Air Pollution and emigration interest in China [J]. Journal of Population Economics. 2018, 31 (1): 235-266.

素生产率水平（Giroud，2013；Li 和 Li，2013；龙小宁和高翔，2014）。

而在众多交通基础设施建设中，高速铁路（High Speed Rail，HSR；简称高铁）建设是我国目前最为重要的基础设施建设之一，深刻地影响着我国国民经济和社会的发展。中国高铁技术经过十多年的跨越式发展，取得了举世瞩目的成就，由于占地少、能耗低、速度快、污染小，近年来在政府交通基础设施建设中得以飞速发展，占据着日益重要的地位，不仅成为推动社会经济快速发展的巨大引擎，也成为维护国家安全的重要支撑。2003 年，秦沈客运专线的开通运营标志着我国高铁时代的起步。2008 年，我国第一条具有自主产权的京津城际高速铁路开通运营，时速 350 千米/小时，成为当时世界上运营速度最快的高速铁路。随后，高铁发展进程迅猛，截至 2017 年年底，我国高铁总里程已突破 2. 5 万千米，占世界高铁的 66. 3%，在国内已基本形成了“八横八纵”[①] 的网络格局。按照最新发布的《中长期铁路网规划》，到 2025 年，我国高铁将达 3. 8 万千米，届时全国铁路网将实现相邻大中城市间 1—4 小时交通圈。最低时速 250 千米的高铁大大缩短了人们的出行时间，“高铁衔接南北，天堑变通途”，地理上的时空距离得到了大幅收敛。作为一种低污染、高性能的新型运输方式，高铁带来了人力、资本、技术等资源的快速流动与交换，优化了资源配置；节能减排，有助于环境可持续发展；促进了城市之间的经济文化交流，带动了区域经济的共同发展；但同时也带来了更激烈的市场竞争。高铁的开通和发展正在影响着国民生活与经济的方方面面，因此，探究高铁的经济效益具有重要的理论价值和现实意义。

从 20 世纪中期日本“新干线”的开通为标志，全球逐步进入高铁时代，法国、德国、美国、韩国和中国等都相继开通了高铁。高铁作为一种与普通铁路、高速公路相区别的新型运输方式，其对经济活动和微观企业的影响激发了国内外大量学者的研究兴趣。已有研究发现，高铁的开通能提升城市的可达性进而提高城市间的经济联系（Shaw et al.，2014），但对区域经济发展存在异质化影响，造成了区域经济发展的不平衡（张克中和陶东杰，2016；董艳梅和朱英明，2016）。但目前的研究主要集中在宏观层面，微观层面的研究仍较有限。Bernard et al.（2019）发现日本新干线的建成对企业生产链和供应商选择产生显著影响，并提高了企业生产链；Charnoz et al.（2018）发现法国高铁网络降低了管理层的

① 来自《铁路网中长期规划》（2016），具体是指中国境内 8 条纵向（南北）高铁线路和 8 条横向（东西）高铁线路的空间网络结构。

沟通成本，对企业组织生产结构和效率产生了积极影响。对中国高铁开通事件研究的相关文献发现，高铁开通能显著降低所在地上市公司股价崩盘风险（赵静等，2018）、促进资本要素流动并优化了企业资源配置（李欣泽等，2017）、有利于企业高级人才的流动（杜兴强和彭妙薇，2017）；但同时也会使企业所在本地市场的竞争程度增强（Du et al.，2013），本地的上市公司暴露在更激烈的市场竞争环境之中，使企业间竞争程度和经营风险加剧。

第二节　基于内部激励视角下的研究场景

一、公司员工持股计划

员工持股计划（Employee Stock Ownership Plans，ESOP）是一种公司内部员工通过持有本公司股票或期权的方式分享企业所有权，参与分配公司利润的机制。该项制度最早兴起于欧美国家，美国政治经济学家 Louis O. Kelso 最早提出双因素理论（Two－factor Theory，也称为二元经济学理论），认为财富是由劳动和资本这两个关键性要素共同创造的，工业化进程会使资本要素对生产的贡献越来越大于劳动，对于以劳动收入为主要收入的劳动者而言，这种趋势最终将导致社会分配的严重不公。因此，他主张员工购买本公司股票，实现两种要素的有效结合，从而形成了员工持股制度思想的雏形。

与西方国家不同，我国企业的员工持股制度起始于 20 世纪 80 年代中期，是在国有企业公司制和股份制改造过程中不断发展而来的一种股权形式。总体而言，员工持股制度在我国的发展历程犹如“摸着石头过河”（黄群慧等，2014），主要经历了以下三个发展阶段。

（一）第一阶段 1992—1993 年

这一时期，中国国有企业股份制试点工作逐步深入进行，员工持股也随之在更广的范围内推行。但随着股份制试点的逐步深入进行，内部职工持股的问题逐渐呈现，在 1993 年 4 月，国务院发文制止了发行内部职工股中的不规范做法，降低了职工持股的热潮。

（二）第二阶段1994—1998年

在这段时间，各地方政府纷纷推动内部职工持股的规范发展。深圳在1994年发布了《关于员工持股制度的若干规定（试点）》，并取得了较好的发展，随后还进一步扩大了试点，并取得了有益效果。然而，由于制度设计上的不完善，职工持股引起了股票分配上的不公，同时职工大量抛售股票的获利行为对股票市场也造成一定冲击，因而在1998年11月，证监会颁布了《关于停止发行公司职工股的通知》。

（三）第三阶段2005年至今

员工持股制度在经历前期的不断探索和实践之后，对以往制度设计上的缺失进行了不断补充和调整，自2005年以来，相关政府部门出台了一系列政策文件，以进一步完善员工持股制度。2005年12月31日，中国证券监督管理委员会关于发布《上市公司股权激励管理办法（试行）》的通知，允许公司以限制性股票、股票期权及法律、行政法规允许的其他方式对董事、监事、高级管理人员及其他员工实行股权激励计划。随后，在2006年的1月和9月，国资委和财政部联合颁布了《国有控股上市公司（境外）实施股权激励试行办法》和《国有控股上市公司（境内）实施股权激励试行办法》。而在2008年10月，国资委和财政部又联合颁布了《关于规范国有控股上市公司实施股权激励制度相关问题的通知》。这些制度的密集出台，在一定程度上放缓了我国员工持股实践的发展脚步。

2012年8月，证监会发布《上市公司员工持股计划管理暂行办法（征求意见稿）》，旨在对上市公司员工持股进行规范，强化信息披露，引导上市公司更好地实施员工持股计划，并且防止其借助员工持股进行内幕交易和利益输送。自党的十八届三中全会以来，中国的员工持股制度正步入深化提升的一个新阶段，2014年6月20日，证监会颁布了《上市公司实施员工持股计划试点指导意见》①。在该指导意见公布后，不少上市公司陆续推出员工持股计划。同时，关于员工持股计划也重新引起了学术界和行业内的广泛讨论②。

企业所有权与控制权的分离导致了现代企业广泛存在着委托—代理问题（Jensen and Meckling，1976），而使企业的管理者或员工持有企业的部分股权能够使所有者与代理人的利益一致，从而在一定程度上缓解了委托—代理问题。

① http：//www. csrc. gov. cn/pub/tianjin/tjfzyd/tjjflfg/tjgfxwj/201409/t20140922_260737. htm.

② http：//finance. sina. com. cn/focus/esop/；http：//www. cs. com. cn/hyzb/2014gsjl/.

对于企业的员工而言，员工持股计划通常被看作是对员工的激励措施，当员工的个人利益与企业未来的发展绑定时，员工会通过更加努力地工作以获得更高的收益。

有大量文献通过实证检验发现员工持股计划能够给企业带来积极影响。利用事件研究法，Chang（1990）发现企业在宣布员工持股计划公告时，能够给股东带来正向的财富效应。Kumbhakar 和 Dunbar（1993）利用美国 1982—1987 年的数据发现员工持股计划的实施能够使每年的企业的生产效率提升 1. 8 个百分点到 2. 7 个百分点。基于美国“新经济公司”的数据，Sesil et al.（2002）也同样发现员工持股制度能够提升员工的人均产出。Jones 和 Kato（1995）利用日本企业的面板数据，估算出员工持股计划能够引起生产率提升 4 个百分点到 5 个百分点。同时，Cin 和 Smith（2002）利用韩国企业的数据也发现，员工持股计划的实施能够帮助产出提升约 2. 6 个百分点。因此，来自各国早期的经验证据均表明，员工持股制度仍然可能对员工产生有效的激励效应。与此同时，员工持股制度对于员工的激励作用还可能体现在其他方面，包括更加积极地参与公司治理（Bova，Dou 和 Hope，2015；Bova，Kolev，Thomas 和 Zhang，2015）、帮助企业吸引和留住核心人才（Oyer 和 Schaefer，2005）、鼓励企业员工进行创新研发（Chang et al.，2015）等等。

然而，也有文献认为这种激励措施并不一定能产生真正的激励效果（Oyer，2004），如 US GAO（1987）认为企业在实施了 ESOP 后，在盈利能力和生产率方面并没有显著提升，而 Conte et al.（1996）则发现企业在实施 ESOP 之后，股票收益反而会有所下降。究其原因，一方面，大规模的员工持股反而可能会导致“搭便车”的问题，每个员工都认为自己对企业业绩的影响相当微弱而并不努力，从而降低了对员工的有效激励（Hochberg 和 Lindsey，2010；Kim 和 Ouimet，2014）。同时，当员工持股计划被用于其他目的时（如反收购措施、管理层防御等），也无法发挥其应有的效果，相反市场还会给予其负面反应（Chang and Mayers，1992）。另一方面，持股过多的员工（Blockholder）也可能对企业带来员工防御效应，从而减少公司价值。Faleye et al.（2006）发现当持股过高时，员工会运用其股权影响公司治理，最大化员工的合约设计和剩余索取，从而使公司偏离价值最大化，公司成长放缓，全要素生产率下降。John et al.（2015）研究表明，员工持股会降低股东从收购获得的收益。Masulis et al.（2017）发现当员工持有更多的股权时，收购方会更倾向于进行帝国建设型收购，从而损害股东价值。持股5%以上的员工会加剧管理者—股东代理冲突，并导致管理者窃取私人利益。

相比之下，由于我国员工持股计划的实践较为有限，相关研究也较国外研究较少。部分文献从定性的角度分析国有企业实施员工持股计划的可行性、积极影响以及目前仍存在的问题，并从制度设计的角度提出政策建议（黄群慧等，2014；廖红伟和杨良平，2017；高晓雁和宁琪，2017；李长亮，2018；朱振鑫和栾稀，2018）。近年来，逐渐有文献从实证的角度分析了我国企业实施员工持股计划的经济后果，发现与民营企业相比，国有企业实施员工持股计划因管理层激励不足而导致公司治理状况和经营绩效无法显著改善。为了深化国有企业混合所有制改革，在员工持股计划的制度设计层面，建议国有企业提高管理层的参与比例，并强化绩效考核与监督机制（沈红波等，2018）。

二、企业成本粘性与《劳动合同法》

Anderson et al.（2003）针对美国上市公司1979—1998年的数据进行研究，首次发现当销售收入增长1%时，SG&A（销售、一般及管理费用）增长0.55%；而销售收入下降1%时，SG&A却仅下降0.35%。Anderson等（2003）将此费用随业务量上升或下降不对称变化（业务量下降时费用的变化率低）的现象称为“成本粘性”。随后，大量研究证实了成本粘性的存在，并发现成本粘性在中国上市公司中同样存在，且更为严重（孙铮和刘浩，2004）。成本粘性问题也成为近年来财务会计领域备受关注的热点问题。

已有文献大多针对成本粘性的形成机理进行深入考察，当公司业务量上升时，企业费用支出会随之增加，而一旦业务量开始下降，则管理层会面临着项目削减决策，是继续维持现有规模还是立刻进行削减。Banker et al.（2013）认为调整成本、管理者乐观预期和管理层机会主义是成本粘性产生的三类主要动因：第一，调整成本动因。当项目的调整成本越高时，调整的可能性和及时性越小；同时，调整成本高的项目占的比重越大时，企业费用调整的速度会越慢，从而表现出更高的粘性。Anderson et al.（2003）认为人力资本相比实物资本具有更高的调整成本，因此人力资本比重越大的公司其成本粘性越高。Banker et al.（2013）发现，一国的雇员保护越完善，人力资本的粘性越高。江伟等（2016）以及刘媛媛和刘斌（2014）发现，中国2004年颁布的《最低工资标准》和2008

年出台的《劳动保护法》强化了员工保护并提高了企业的人力成本粘性。第二，管理层乐观预期动因。若管理层对未来形势的预期较为乐观，认为项目具有良好的前景，那么即使当前的业务量出现下滑，则仍有较大可能维持项目，原因在于维持项目的决策在形势好转时可以避免项目重组的成本，并迅速响应市场需求。Anderson et al.（2003）发现，当宏观经济增速较快时，企业的成本粘性较高。梁上坤和张梦婷（2015）发现企业的成本粘性在货币政策宽松的时期会相对较高。第三，管理层机会主义动因。现代企业制度下，企业的经营权与所有权分离带来了严重的代理问题，因此掌握经营权的管理层可能会实施一些自利行为而损害所有者权益的行为（修建豪华办公场所或大量冗余雇员等），而这些支出在公司业务量下降时管理层未必愿意削减，这样也造成了成本粘性问题。Chen et al.（2012）发现自由现金流、高管任职期限等管理层构造“个人帝国”因素会显著增加企业的成本粘性。崔学刚和徐金亮（2013）、梁上坤（2013）、梁上坤等（2015）、梁上坤（2017）以及梁上坤（2018）则分别发现交叉上市、股权集中度、外部审计、媒体关注以及机构投资者均对企业成本粘性有显著的抑制作用。

成本粘性概念的提出推翻了传统观点所认为的企业业务量与费用呈线性变动关系，促使我们重新思考传统费用假设在新经济形势下的普适性。因此，学者们逐渐将注意力从成本粘性的存在性以及影响因素转移到成本粘性经济后果的研究上来，以期从成本习性的角度了解会计盈余的信息含量以及企业价值的决定因素。Banker and Chen（2006）较早通过建立一个基于成本变动性和成本粘性的新模型，用来预测企业的会计盈余。Anderson et al.（2007）以及 Weiss（2010）则直接考察了成本粘性的信息传递作用以及对会计盈余信息含量的影响。Anderson et al.（2007）发现当企业的销售额下降时，SG&A 与销售额之间比重的变化与企业未来会计盈余之间呈正相关关系，并且把销售额下降时 SG&A 与销售额之间比重增加的企业加入到投资组合中时，投资者可以获得正的超额回报。Weiss（2010）则认为，企业的业务量下降时，那些成本粘性较强企业的会计盈余下降的更多，而会计盈余较大幅度的下降会增加会计盈余分布的波动性，从而降低了财务分析师盈余预测的准确性，并导致市场对成本粘性较强企业的未预期会计盈余的反应较弱。

而我国于 2008 年开始正式实施的《劳动合同法》，进一步明确了劳动合同双方当事人的权利和义务，通过对劳动合同的订立、试用期的限制、试用期的最低工资要求、无固定期限劳动合同的适用条件以及劳动合同终止时的提前告知和经济补偿金等进行严格规定，显著强化了对劳动者合法权益的保护力度。《劳动合同法》对企业用工成本的影响更多地表现为：当企业需要减员时，其解除员工劳动合同的难度加大，因此普遍被认为该法律的颁布加剧了企业的人工成本粘性。然而自颁布以来，围绕该法律的种种争议就一直没有停息。支持的声音认为，《劳动合同法》规范了劳动保护，呼应了法制建设不断推进背景下构建和发展和谐稳定劳动关系的客观需要（刘媛媛和刘斌，2014）。反对的声音认为，该法律的颁布过于超前，其所导致的劳动成本增加是企业的“不能承受之重”，将会对企业的长远发展产生影响（李钢等，2009）。针对这项重要的制度变迁，《劳动合同法》所带来的用工成本对企业的经济影响也应得到有效评价。自企业成本粘性的概念被首次提出后，部分文献从劳动保护视角研究了成本粘性的影响因素：Scoppa（2010）针对 20 世纪 90 年代意大利劳动保护法规的变化研究发现，劳动保护对小企业员工辞退的影响更大。Banker et al.（2013）利用 19 个 OECD 国家的上市公司数据研究发现劳动保护法律指数的差异是影响成本粘性的重要因素。刘媛媛和刘斌（2014）研究发现，我国《劳动合同法》加剧的人工成本粘性增加了企业劳动力要素的投入风险，导致了企业用机器设备替代人工的可能性。因此，结合《劳动合同法》对企业成本粘性进行分析有助于丰富我国“法与金融”的研究，并进一步深入对企业成本粘性影响因素和经济后果的理解。

第三节　研究评述

本章重点对我国企业基于外在压力和内部激励两类研究场景下的制度背景进行了简述，并对与本书研究主题相关的企业行为的文献进行了系统梳理。具体而言，主要从贸易自由化下的产品市场进口竞争、空气质量、高速铁路开通、公司员工持股计划以及企业成本粘性这五个方面进行了详细回顾。这些基于我国独特制度情境下丰富的企业内外部环境，为本书研究外部压力与内部激励下的微观企业行为提供了良好的背景与契机。Wang et al.（2008）指出研究中国背景下的公司治理及会计和财务问题，必须运用“自上而下的路径”（Top – Down

Approach），以制度环境作为最上层，流经中层市场环境，最终抵达下层的会计与财务问题研究。因此，本书将根植于中国本土化的研究场景，从企业外部环境和内部特征等角度出发，深入考察微观企业的行为决策，这有助于更深入地厘清我国宏观制度环境、中观市场环境与微观企业财务行为之间的内在逻辑和互动关系，较好地评估宏观环境和政策的微观效应，并加深了对我国公司治理和资本市场运作机理的认识和理解。

第三章　进口竞争与企业投资效率的实证研究

第一节　问题的提出

尽管当前全球贸易保护主义有所抬头，但建设开放型世界经济、促进贸易和投资的自由化仍然是推进经济全球化发展的长期趋势。我国自 2001 年加入世界贸易组织（WTO）以来，开始履行进口关税削减义务，平均关税水平由入世前的 15.3% 逐步降至 2010 年的 9.8%，该事件可被视为在我国经济与制度背景下的一项外生的准自然实验。然而，进口领域的贸易自由化在促进我国进口贸易迅速增长的同时，也使国内企业面临更加激烈的竞争环境（Bloom et al.，2016）。已有关于贸易自由化影响后果的研究主要集中于宏观和中观层面，对于微观层面的考察多局限于讨论进口竞争是如何影响国内企业的投入和产出（Hansson，2000；Edmonds et al.，2010；余淼杰，2010），如企业全要素生产率（Total Factor Productivity，TFP）、企业创新等，而鲜有文章探讨进口竞争是否会对管理者的投资决策产生影响。现阶段中国经济发展进入增速放缓的新常态，面对经济下行压力，党的十八届五中全会通过的“十三五”规划建议中，强调要着力推进供给侧结构性改革，即通过改革促进创新、提高生产效率和提高产品市场竞争力的方式来促进经济增长。从微观企业的视角，即是要矫正企业资源的配置扭曲，调整企业的投资结构，促进企业进行研发创新，最终实现转型升级。由于资本要素投入是推动中国经济实现中高速增长的重要因素，因而对企业投资效率及其影响因素的考察也备受关注。故综上所述，在世界经济发展进入“后危机时代”和中国经济进入 L 形增长新常态的背景下，本书拟基于制造业关税削减数据和上市企业的微观数据，探讨我国贸易自由化引致的进口竞争对微观企业投资效率的影响及潜在机制，进而从企业投资结构的角度为我国企业应对经济全球化和贸易自由化浪潮冲击提供政策建议。

以往对于企业投资效率的研究主要从信息不对称或代理冲突的角度进行考察，如企业的财务报表质量、会计稳健性等特征（Chen et al.，2011）。与此同时，部分学者发现，管理者的背景特征也会对企业的投资决策产生至关重要的影响（曹春芳和林雁，2017；代昀昊和孔东民，2017）。近年来，一些学者开始将宏观层面的经济政策与微观层面的企业投资决策相联系，探讨了影响企业投资效率的潜在因素（王克敏等，2017；饶品贵等，2017），但从行业特征角度考察对企业投资效率影响的研究尚不多见，其原因可能是因为进口竞争对企业投资效率存在两种截然相反的影响。一方面，Stigler（1971）认为，导致无效率活动产生的最主要原因是既有企业通过阻止新的进入者和替代商品的进入来限制竞争。而关税削减在提高行业竞争程度的同时，能够给现有企业带来压力，迫使其改善公司治理水平，维持长期发展（伊志宏等，2010；姜付秀等，2009）。同时，进口竞争引致的压力能够为本土企业提高生产率提供激励（Holmes and Schmitz，2010；简泽和段永瑞，2012），从而促使国内企业增加人力资本和研发投入，这对于企业投资效率均有积极作用。另一方面，进口竞争会压缩本土企业的市场份额和规模经济，同时增加企业盈利的波动性（Peress，2010），这会导致企业在未来的不确定性增加，反而会降低企业的投资效率。因此，要理解进口竞争对企业投资效率的影响就自然而然地成了一个典型的实证问题。

鉴于此，本书利用进口关税削减作为准自然实验来考察进口竞争对企业投资效率的影响。研究发现，进口竞争对企业投资效率有显著的正向影响，即进口竞争越大，企业的投资效率越高，且对企业的投资过度和投资不足两方面均有改善作用。同时，从企业所处的外部环境以及企业自身特征来看，进口竞争对企业效率的积极作用在市场化进程较慢的地区、产品市场竞争程度较低的行业中的公司、国有企业和非出口企业中表现更为显著。在机制检验方面，本书分析了进口竞争对公司治理和人力资本及研发投入方面的影响，研究发现进口竞争能够改善企业的公司治理水平（主要体现在降低真实盈余管理和聘请“四大”会计师事务所），同时会促使上市公司雇佣更多的高学历员工，且进行更多的研发投入。

本书探讨进口竞争对企业投资效率的影响，主要贡献体现在以下三个方面。

第一，从上市公司投资效率的视角为贸易自由化对企业带来的收益提供了经验证据。已有关于贸易自由化方面的文献主要集中于讨论贸易自由化之后，进口竞争是如何影响国内企业的投入和产出，如贸易自由化对全要素生产率或企业创新的促进作用（Hansson，2000；Edmonds et al.，2010）、对公司福利收益（Horn et al.，1995）、人力资本中教育投资（Edmonds et al.，2010）、技能员工需求（Hansson，2000）以及员工工资不平等（Kumar and Mishra，2008）等方面的影响，而鲜有文献探讨其对管理者在投资决策方面的影响。因此，本书的研究结论能够为企业投资效率的影响因素提供新的证据，同时通过产品市场竞争这一桥梁，也有利于进一步理解我国宏观经济政策与微观企业行为之间的互动关系。

第二，以关税削减来衡量进口竞争，有助于识别因果关系。已有研究大多以产品市场竞争来衡量竞争程度，进而考察其对企业的影响，但是传统以企业销售收入计算的赫芬达尔指数反映产品市场竞争程度在衡量方面不够精准，因此近些年学者们开始将关税的下降作为工具变量来研究竞争对企业的影响（Valta，2012；黎文靖和郑曼妮，2018），本书利用进口关税削减作为准自然实验，可以缓减内生性问题，增强结论的可信度。

第三，本书的研究结论具有一定的政策启示。一方面，尽管当前部分国家开始出现贸易保护主义的趋势，但中国在贸易自由化和促进贸易便利化方面做了大量努力和许多工作。本书试图解释并回答经济全球化中企业出现的新现象和新问题，为发挥中国积极引导经济全球化进程向着更加包容普惠的方向发展提供理论和经验。另一方面，本书对当前我国企业的投资效率进行研究，有助于理解影响企业投资及改善投资效率的因素，并将促进企业关注人力资本特征和公司治理行为，从而从投资结构的角度为我国企业应对经济全球化和贸易自由化浪潮冲击提供政策建议。

第二节　研究假设

一、进口竞争与企业投资效率：积极效应

进口竞争对企业投资效率的影响可能是正向的，具体在于：进口竞争能够

提高公司的治理水平（如更加有效地监督管理者和提高公司的信息披露质量），进而提高公司的投资效率；与此同时，进口竞争还能够产生溢出效应，促使国内企业增加在人力资本和研发方面的投资，进而提高投资效率。具体分析如下：

第一，进口竞争能够促使企业提高公司治理水平。竞争作为一种有效的外部治理机制能够更好地监督管理层，进而缓解股东与管理层之间的代理问题（Schmidt，1997）。如 Horn et al.（1995）利用模型证明了由于贸易带来的竞争会降低公司内部管理者的松懈，促进管理者更加努力工作，这种努力程度的提升对公司的收益是有利的。Hart（1983）提出的管理层激励模型展示了竞争是如何提高管理层激励的，同样发现了竞争能够抑制管理层松懈。竞争抑制管理者的松懈进一步会使企业减少不必要的开支；而当企业处于垄断中时，由于垄断租金会促使企业的管理层及员工的松懈和不努力，进而会降低企业生产力水平（Nickell，1996）。竞争降低企业代理成本进一步会促使企业更加重视提高产品（或服务）的质量，进而促使公司采用激励性的契约，转而又会引起管理层努力程度的增加，这种正效应随着公司代理成本的上升而增加（Baggs 和 Bettignies，2007）。Jagannathan 和 Srinivasan（2000）利用实证分析方法检验了“竞争能减少管理层松弛”的假设，发现处于弱竞争环境的公司，代理问题更严重。总体而言，竞争有利于约束管理者的行为，能够有效地对管理者进行监督，使其进行更加有效的投资活动。

此外，进口竞争能够促使企业提高公司治理水平的表现还体现在，进口竞争能通过提高企业信息披露水平，降低内外部的信息不对称，进而缓解代理问题。如市场竞争能够约束高管在报告经营业绩时候的机会主义行为（Balakrishnan 和 Cohen，2011）。Dhaliwal et al.（2008）研究发现，当市场竞争越激烈公司会更加及时地在会计收入中确认经济损失，此时公司的会计信息更加稳健。Laksmana 和 Yang（2012）指出，与集中度较高行业中的公司相比，处于竞争较为激烈的行业中的公司的应计盈余和真实盈余操纵都较小。反之，对于所处行业集中程度较高的公司而言，管理层预测报告发布的频率更低，而且预测的范围更小，发布预测的时间更晚，分析师盈余预测的偏差更大，且这些行业的公司更加倾向于以定向增发的方式筹资，因为这种方式对信息披露的要求较低（Ali et al.，2014）。信息披露质量的提高能够影响公司的融资成本，从而有效缓解企业的投资不足，对于企业投资效率有显著改善作用（Biddle et al.，2009；Chen et al.，2011）。

第二，进口竞争还能够带来溢出效应，促使国内企业增加在人力资本和研发方面的投资，进而提高投资效率。贸易的自由化不仅能够促使技术直接在贸易国之间进行扩散，还会存在间接的技术扩散（Lumenga - Neso et al.，2005）。首先，进口竞争能够促使企业雇佣更多有海外背景的员工，进而提高投资效率。Augier et al.（2013）研究发现，与其他公司相比，有外国资本的公司会从原材料和资本的进口中收益更多，凸显了学习效应的重要性。因此，在进口竞争更激烈的行业中，企业更加倾向于雇佣有海外背景的员工，进而更好地从进口企业带来的溢出效应中受益。其次，进口竞争能够促使企业增加对高技能员工的需求，进而提高投资效率。Hansson（2000）发现，瑞典制造业的技能工人比例在过去的35年内稳定的增长，其中对技能员工的相对需求促使了技能员工占比的上升，因为低技能活动所需员工的人力成本在国外相对较低，而国内剩余的技能密集型工作导致了对高技能员工的需求上升。此外，Augier et al.（2013）发现，公司进口中间产品和固定设备对全要素生产率的影响取决于公司是否能够吸收技术，即公司具有的高技能员工的占比。由此可见，进口竞争能够促使企业雇佣更高技能的员工。而已有的研究表明，在人力资本方面的投入有利于提高投资效率。如代昀昊和孔东民（2017）利用手工收集的高层管理者及董事的海外经历数据，研究了企业海归特征对投资效率的影响，发现有海归特征的企业的投资效率较其他企业较高。最后，进口竞争带来的溢出效应能够通过提高公司在研发方面的投入，进而提高投资效率。Bloom et al.（2016）研究了来自中国进口竞争对欧洲12个国家1996—2007年公司专利、研发投入、信息技术扩散和全要素生产率的影响，研究发现进口竞争会产生两个方面的影响：一方面，进口竞争能够导致研发投入、信息技术扩散、专利以及全要素生产率的上升；另一方面，会对员工进行重新分配，将员工分配到更具创新和技术的公司中。因此，进口竞争引起的压力能够为本土企业提高生产率提供激励（Holmes and Schmitz，2010；简泽和段永瑞，2012），从而促使国内企业增加人力资本和研发投入，这对企业投资效率有积极作用。

二、进口竞争与企业投资效率：消极效应

进口竞争对企业的投资效率的影响也会是负面的。第一，激烈的产品市场进口竞争增加了国内企业经营环境的不确定性，企业盈余和业绩波动加剧

（Mattei 和 Platikanova，2017），进而不利于公司管理者做出投资决策。如 Haw et al.（2015）利用37个国家1990—2008年公司作为研究样本，分析产品市场竞争对分析师跟踪和预测精度的影响，研究发现当公司所处行业的集中程度越高、公司的定价能力更强时，分析师跟踪的人数会更多，且预测精度更高、预测分歧更低，这意味着高的行业集中度和市场主导地位能够增强企业盈余的可预见性和降低信息的不确定性。对于处在竞争较为激烈的行业中的公司而言，情况则是相反的，如 Raith（2003）将市场势力作为运输成本的函数构建了模型，发现竞争能够导致公司层面的盈利波动性更大。Peress（2010）认为，产品市场竞争会增加企业的现金流波动性的破产风险。除了对公司的实际盈利波动率有影响，竞争还会影响股票的波动性，如 Gaspar 和 Massa（2006）认为竞争会影响股票的波动性，对于具有垄断地位的公司而言，他们一方面能够缓和异质性的波动，另一方面能够降低投资者信息的不确定性，最终降低股票回报的波动性。Irvine 和 Pontiff（2008）指出，竞争的激烈程度是导致股票特质波动率增加的原因，并且当公司所处行业由于国外企业带来的竞争更高时，这些公司的特质风险会更高。而不确定性和波动性会影响企业的投资决策，Bloom et al.（2007）指出当环境不确定性较高时，管理者评估投资项目的难度会增加，此时，为了尽可能避免投资失败，管理者的投资决策会更谨慎。文献证据表明激烈的产品市场竞争会通过增加企业经营业绩的不确定性对其融资成本、资本投资、股利政策、股票价值以及股价崩盘风险等产生负向影响（Hoberg et al.，2014；Fresard 和 Valta，2016；Irvine 和 Pontiff，2009；Valta，2012；Li 和 Zhan，2014）。第二，进口竞争带来的环境不确定性会诱导企业迫于竞争压力实施盈余操纵并降低企业信息披露质量（Verrecchia 和 Weber，2006；Dedman 和 Lennox，2009）。当环境的不确定性程度较高时，管理者的行为不容易被监督，此时他们有动机进行更多为自己谋取私利的投资行为。申慧慧等（2012）用中国上市公司数据进行了相应的实证检验，发现环境不确定性与企业投资偏离度正相关，其中在国有控股公司中投资偏离表现为投资过度，而在非国有控股公司中则表现为投资不足。因此，基于上述两方面分析可知，当公司所处的行业的进口竞争越激烈时，公司的投资效率反而会更低。

鉴于进口竞争对企业投资效率存在两种截然相反的影响，本书试图借助关税调整这种政策性的外生冲击来验证进口竞争与投资效率之间的关系。基于此提出本书的竞争性假设1：

假设 1a：进口竞争程度越高，企业的投资效率越高。

假设 1b：进口竞争程度越高，企业的投资效率越低。

第三节　数据来源与研究设计

一、样本选取与数据来源

本书选择沪深两市 2002—2015 年 A 股制造业上市公司为研究样本。由于《中国加入 WTO 议定书》于 2001 年 12 月 11 日生效，中国成为世贸组织成员，开始履行关税削减义务，因此本书研究的样本区间选择为 2002—2015 年。其中，进口货物的数据来自联合国贸易商品统计数据库①，每种产品的关税数据可以直接从 WTO 网站获得②；我们从国泰安数据库（CSMAR）中提取所有非金融类上市公司高管和董事的简历，通过分析简历，手工搜集相关人员是否具有海外经历（海外工作或海外学习）等信息得到高管海外特征数据，并利用 CSMAR 数据库提供的高管背景数据进行核对补充；2001—2013 年的员工教育程度数据通过从年报中手工搜集整理获取，2014—2016 年的数据从 WIND 中提取。书中所使用的公司财务数据均来自 CSMAR 数据库，是否有海外销售的数据来自 WIND 数据库。对于初始数据还进行了如下处理：一是剔除金融类上市公司；二是剔除杠杆率大于 1 的样本数据；三是剔除关键变量缺失的样本；四是为了消除异常值的影响，对所有连续型变量，在 1% 和 99% 分位数上进行 Winsorized 处理。最终，获得了 12216 个公司一年度样本。

二、研究设计

（一）投资效率的度量

参考 Richardson（2006）、代昀昊和孔东民（2017）等研究，我们估算了公

---

① 数据来源：https：//comtrade. un. org/data/.
② 数据来源：http：//tariffdata. wto. org/.

司正常的资本投资水平，然后将模型的残差绝对值作为投资效率的代理变量。具体回归模型如下：

$$Inv_{i,t} = b_0 + b_1TQ_{i,t-1} + b_2Lev_{i,t-1} + b_3Cash_{i,t-1} + b_4Age_{i,t-1} + b_5Size_{i,t-1} + b_6Ret_{i,t-1} + b_7Inv_{i,t-1} + \sum YearDummies + \sum IndustryDummies + \varepsilon_{i,t} \tag{3-1}$$

其中，因变量 $Inv_{i,t}$ 是公司 i 在 t 年的资本投资量。我们将 $Inv_{i,t}$ 定义为固定资产、无形资产与其他长期资产的现金支出减去出售资产的现金收入，并除以 t 年年初的总资产。*TQ* 为公司的成长机会，定义为流通股的市场价值、非流通股的账面价值和负债的总和除以总资产。*Lev* 为企业的资产负债率。*Cash* 为公司的现金持有量，定义为年末货币资金除以总资产。*Age* 是公司的上市年龄，由当年与上市年份差值的自然对数计算所得。*Size* 为公司总资产的自然对数。*Ret* 是公司在股票市场上的年回报率。模型（3－1）中所有的解释变量都滞后 1 期。此外，我们通过在模型中引入年度和行业虚拟变量来控制时间和行业效应，行业分类根据证监会的行业分类标准得到。

我们使用模型（3－1）的残差绝对值作为衡量投资效率的代理变量（*Inveff*），取值越大表明企业的效率越低。同时，基于模型（3－1）的残差将公司分成两组，若残差大于 0，则表明公司存在投资过度现象；若残差小于 0，则表明公司存在投资不足现象。

（二）进口竞争程度的度量

参照黎文靖和郑曼妮（2018）的研究，为了研究中国加入 WTO 后关税削减使本土企业面临的进口竞争激烈程度，将进口竞争（*Tariff Diff*）定义为：2001 年的行业关税（$Tariff_{j,2001}$）与当年行业关税（$Tariff_{j,t}$）的差值，取值越大，表明进口竞争的激烈程度越高。

（三）公司治理和知识溢出角度的度量

在机制分析方面，我们主要从公司治理和知识溢出这两个角度来考察。具体而言，在公司治理方面，本书选择了应计盈余管理（*EM*）、真实盈余管理（*REM*）和是否由“四大”会计师事务所（*Big*4）作为代理变量。

参考修正的 Jones 模型（Dechow et al.，1995）计算应计盈余管理测度，计算模型如下：

$$\frac{TA_{i,t}}{Assets_{i,t-1}} = \alpha_1 \frac{1}{Assets_{i,t-1}} + \alpha_2 \frac{\Delta REV_{i,t}}{Assets_{i,t-1}} + \alpha_3 \frac{PPE_{i,t}}{Assets_{i,t-1}} + \varepsilon_{i,t} \tag{3-2}$$

其中，$TA_{i,t}$为公司 i 在 t 期的总应计项目，由当年的净利润减去经营活动现金流计算得到；$Assets_{i,t-1}$为公司 i 在 $t-1$ 期的总资产；$\Delta REV_{i,t}$为公司 i 在 $t-1$ 期到 t 期的销售收入变化；$PPE_{i,t}$是公司 i 在 t 期的固定资产净额。我们对行业年度进行横截面回归，估计得到系数 $\hat{\alpha}_1$、$\hat{\alpha}_2$ 和 $\hat{\alpha}_3$，并将其代入下列模型计算出非操控性应计利润：

$$\frac{NDA_{i,t}}{Assets_{i,t-1}} = \hat{\alpha}_1 \frac{1}{Assets_{i,t-1}} + \hat{\alpha}_2 \frac{\Delta REV_{i,t} - \Delta REC_{i,t}}{Assets_{i,t-1}} + \hat{\alpha}_3 \frac{PPE_{i,t}}{Assets_{i,t-1}} + \varepsilon_{i,t} \tag{3-3}$$

其中，$\Delta REC_{i,t}$为公司 i 在 $t-1$ 期到 t 期的应收账款变化额，其他变量与之前一致。最终从总应计利润中扣除非操控性应计利润即得到操控性应计利润为：

$$DA_{i,t} = TA_{i,t}/Assets_{i,t-1} - NDA_{i,t}/Assets_{i,t-1} \tag{3-4}$$

按照已有文献的处理方式，我们取其 DA 的绝对值作为企业应计盈余管理程度的代理变量（EM），当绝对值取值越大时，表明企业进行应计盈余管理的程度越高。

参考 Roychowdhury（2006）的做法，我们首先将真实盈余管理分为销售操控、生产操控和费用操控，并相应使用异常经营活动现金流（$AbCFO$）、异常产品成本（$AbPROD$）和异常费用（$AbDiscE$）进行衡量。具体计算模型如下所示：

$$\frac{CFO_{i,t}}{Assets_{i,t-1}} = \alpha_1 \frac{1}{Assets_{i,t-1}} + \alpha_2 \frac{Sales_{i,t}}{Assets_{i,t-1}} + \alpha_3 \frac{\Delta Sales_{i,t}}{Assets_{i,t-1}} + \varepsilon_{i,t} \tag{3-5}$$

$$\frac{PROD_{i,t}}{Assets_{i,t-1}} = \alpha_1 \frac{1}{Assets_{i,t-1}} + \alpha_2 \frac{Sales_{i,t}}{Assets_{i,t-1}} + \alpha_3 \frac{\Delta Sales_{i,t}}{Assets_{i,t-1}} + \alpha_4 \frac{\Delta Sales_{i,t-1}}{Assets_{i,t-1}} + \varepsilon_{i,t} \tag{3-6}$$

$$\frac{DiscE_{i,t}}{Assets_{i,t-1}} = \alpha_1 \frac{1}{Assets_{i,t-1}} + \alpha_2 \frac{Sales_{i,t-1}}{Assets_{i,t-1}} + \varepsilon_{i,t} \tag{3-7}$$

其中，$CFO_{i,t}$是公司 i 在 t 期的经营活动现金流净额，$Assets_{i,t-1}$是公司 i 在 $t-1$ 期的总资产，$Sales_{i,t}$是公司i在t期的销售收入，$\Delta Sales_{i,t}$是公司 i 在 $t-1$ 期到 t 期的销售收入变化额。$\Delta Sales_{i,t-1}$是公司 i 在 $t-2$ 期到 $t-1$ 期的销售收入变化额。$PROD_{i,t}$是公司 i 在 t 期的产品成本，定义为当期的销售产品成本与存货变化额之和。$DiscE_{i,t}$是公司 i 在 t 期的可操控型费用，包括当年的销售费用和管理费用。

我们对上述 3 个模型分别按行业年度进行横截面回归，同时要求每行业年度参与回归的样本观测值不少于 20 个。回归后得到的残差值即为异常经营活动现金流（$AbCFO$）、异常产品成本（$AbPROD$）和异常费用（$AbDiscE$）。参考（Zang,

2011）的做法，将三个真实盈余管理指标合成为一个真实盈余管理总和（*REM*）：

$$REM_{i,t} = AbPROD_{i,t} - AbCFO_{i,t} - AbDiscE_{i,t} \qquad (3-8)$$

在知识溢出效应方面，本书选择了具有海外经历的高管人数除以高管人数总和（*Managerial Oversea%*）、具有研究生及以上学历员工人数除以员工人数总和（*Employee Master %*）、具有大专及以上学历员工人数除以员工人数总和（*Employee College %*）和研发支出占销售收入的比例（*R&D/Sales*）进行衡量。

（四）控制变量

参考已有文献（Richardson，2006；代昀昊和孔东民，2017；曹春芳和林雁，2017），我们还包括了以下控制变量：公司规模（*Size*）、自由现金流（*FCF*）、资产负债率（*Leverage*）、销售增长率（*SalesGrowth*）、其他应收款占比（*OREC*）、管理费用率（*Manage Fee*）、所有权性质（*SOE*）、第一大股东持股比例（*Largest*）、CEO 与董事长两职兼任情况（*Dual*）、董事会规模（*Boardsize*）、独立董事占比（*Independent%*）、公司是否聘有异地独董（*SameLocation*）和董事会会议次数（*Meeting*），同时控制了行业与年度效应。变量定义如表 3－1 所示。

表 3－1　　　　变量定义

变量名	变量描述	变量定义
Inveff	投资效率	根据 Richardson（2006）模型估计所得
Inveff2	投资效率	根据 Biddle et al.（2009）模型估计所得
Inveff3	投资效率	根据 Chen et al.（2011）模型估计所得
Tariff Diff	进口竞争	2001 年的行业关税均值 － 当年行业关税均值，取值越大，表示竞争越激烈
Size	公司规模	总资产自然对数
OREC	其他应收款占比	其他应收款/年末总资产
Boardsize	董事会规模	董事人数总和的自然对数
Independent%	独立董事占比	独立董事人数/董事人数总和
SameLocation	公司是否聘有异地独董	公司当年聘有异地独董则取值为 1，否则为 0
Dual	两职合一	董事长和总经理为同一人则取值为 1，否则为 0
Manage Fee	管理费用率	管理费用/营业总收入
Meeting	董事会会议次数	年度董事会次数的自然对数

续表

变量名	变量描述	变量定义
Largest	第一大股东持股比例	第一大股东持股比例
FCF	自由现金流	经营活动产生的净现金流量/年末总资产
Leverage	资产负债率	总负债/总资产
SalesGrowth	销售增长率	(营业总收入 - 上年营业总收入)/上年营业总收入
SOE	所有权性质	若为国有企业则取值为1，否则为0
Market High	市场化指数	企业所处省份市场化指数高于样本中位数，则取值为1，否则为0①
HHI	行业竞争度	以企业销售收入计算的赫芬达尔指数
EM	盈余管理	根据 Dechow et al.（1995）采用修正 Jones 模型估计所得
REM	真实盈余管理	根据 Roychowdhury（2006）和 Zang（2011）模型估计所得
*Big*4	是否“四大”会计师事务所	雇用“四大”会计师事务所则取值为1，否则为0
Managerial Oversea%	海外经历高管占比	具有海外经历的高管除以高管人数总和
Employee Master %	研究生以上员工占比	具有研究生及以上学历员工除以员工人数总和
Employee College %	大专以上员工占比	具有大专及以上学历员工除以员工人数总和
R&D/Sales	研发投入占比	研发支出除以销售收入

为检验本书的研究假设，构建了如下计量模型：

$$Inveff_{i,t} = \alpha + \beta_1 TariffDiff_{i,t} + \beta_n Controls_{i,t} + \sum YearDummies + \sum IndustryDummies + \varepsilon_{i,t} \quad (3-9)$$

① 具体而言，我们的数据来自《中国市场化指数——各地区市场化相对进程2009年报告》中的市场化相对进程得分（樊纲等，2010），由于报告中的数据只更新到2009年，且外部环境的情况相对比较稳定，因此2009年之后的数据用2009年的进行替代。虽然，在《中国分省份市场化指数报告（2016）》中已经将指数更新到2014年，但是该书中的数据是以2008年为基期所计算的得分，与2009年的报告中的基准并不一致，而本书的样本是从2002年开始的，因此考虑到能够使用更大的样本进行检验，本书还是使用原来的指数进行分组回归。

第四节　实证结果分析

一、描述性统计

表3－2给出了主要变量的描述性统计，进口竞争（*Tarrif Diff*）的各统计量均为正值，表明中国加入WTO之后关税呈现总体下降的趋势。在我们的样本中，制造业的进口关税平均下降6.7%，下降幅度最大的为28.9%，幅度最小的为0.4%，与黎文靖和郑曼妮（2018）的研究结果相似。

表3－2　　主要变量的描述性统计结果

Variable	N	Mean	SD	Min	P25	P50	P75	Max
Inveff	12216	0.000	0.060	－0.261	－0.030	－0.012	0.015	0.383
Tariff Diff	12216	0.067	0.048	0.004	0.033	0.052	0.092	0.289
Size	12216	21.654	1.112	19.310	20.890	21.535	22.250	25.058
FCF	12216	0.046	0.070	－0.159	0.007	0.044	0.086	0.252
Leverage	12216	0.461	0.196	0.062	0.315	0.467	0.610	0.914
SalesGrowth	12216	0.172	0.394	－0.545	－0.026	0.118	0.278	2.537
OREC	12216	0.026	0.047	0.000	0.004	0.010	0.024	0.303
Manage Fee	12216	0.097	0.081	0.011	0.050	0.078	0.116	0.563
SOE	12216	0.510	0.500	0.000	0.000	1.000	1.000	1.000
Largest	12216	0.367	0.152	0.091	0.247	0.348	0.478	0.740
Dual	12216	0.185	0.388	0.000	0.000	0.000	0.000	1.000
Ln(Boardsize)	12216	2.183	0.200	1.609	2.079	2.197	2.197	2.708
Independent %	12216	0.357	0.057	0.182	0.333	0.333	0.375	0.556
SameLocation	12216	0.413	0.492	0.000	0.000	0.000	1.000	1.000
Ln(Meeting)	12216	2.093	0.351	1.386	1.792	2.079	2.303	2.944

二、实证结果及分析

假设1的检验结果如表3－3所示。第1列仅考察进口竞争与企业投资效率的单变量回归结果，从回归结果可以看出，进口竞争变量 *Tariff Diff* 的回归系数为 -0.03，且在 5% 的水平下显著，表明关税下降程度越高，即进口竞争程度越激烈，更能提高企业的投资效率。再加入公司层面的控制变量之后，第 2 列中进口竞争变量 *Tariff Diff* 的回归系数为 -0.036，且在 1% 的水平下显著，与第 1 列的回归结果基本一致。这一结论支持了本书的假设 1a，即进口竞争越激烈时，企业的投资效率越高。

表 3-3 的第 3、第 4 列报告了按照投资过度和投资不足的分组检验结果，其中如果 *Inveff* 大于零则表示投资过度，*Inveff* 小于 0 表示投资不足。从回归的结果可以看出，在投资过度的样本中，*Tariff Diff* 回归系数为 -0.058，在 5% 的水平下显著，与总体样本的回归结果是一致的，表明进口竞争能够抑制公司的过度投资行为；类似地，在投资不足的样本中，*Tariff Diff* 的回归系数为 0.013，在 10% 的水平下显著，即表示进口竞争能够缓解公司的投资不足问题。总体而言，我们发现进口竞争能够显著提高企业的投资效率，且对投资过度和投资不足均有改善作用。

表 3-3　　进口竞争与企业投资效率[①]

VARIABLES	(1)	(2)	(3)	(4)
	Inveff	*Inveff*	*Over Investment*	*Under Investment*
Tariff Diff	-0.030**	-0.036***	-0.058**	0.013*
	(-2.478)	(-2.961)	(-2.289)	(1.825)
Size		0.001	0.002	0.001***
		(1.058)	(1.581)	(2.800)
FCF		0.008	0.037**	0.021***
		(1.315)	(2.327)	(5.035)
Leverage		-0.001	0.009	0.007***
		(-0.487)	(1.299)	(4.468)
SalesGrowth		0.018***	0.033***	-0.002**
		(10.871)	(9.104)	(-1.967)
OREC		-0.079***	-0.232***	0.015**
		(-7.970)	(-6.987)	(2.319)

① 表 3-3 中第 1 列与第 2 列的被解释变量为残差绝对值（后续涉及投资效率的回归时，投资效率的衡量都为模型（1）的残差绝对值），第 3 列与第 4 列为模型（1）的残差。

续表

VARIABLES	(1)	(2)	(3)	(4)
	Inveff	*Inveff*	*Over Investment*	*Under Investment*
Manage Fee		0.030 *** (4.868)	0.051 ** (2.486)	−0.016 *** (−4.096)
SOE		−0.006 *** (−5.068)	−0.008 *** (−3.268)	0.005 *** (6.519)
Largest		0.005 (1.339)	0.005 (0.599)	−0.005 ** (−2.438)
Dual		0.002 (1.252)	0.003 (1.068)	−0.000 (−0.539)
Ln(Boardsize)		−0.002 (−0.543)	−0.009 (−1.487)	−0.001 (−0.428)
Independent %		0.002 (0.183)	−0.006 (−0.274)	−0.007 (−1.282)
SameLocation		−0.001 (−0.806)	−0.000 (−0.014)	0.000 (0.832)
Ln(Meeting)		0.008 *** (6.251)	0.018 *** (6.034)	−0.000 (−0.056)
Constant	0.047 *** (15.656)	0.022 (1.567)	0.006 (0.209)	−0.055 *** (−6.966)
Industry FE	Yes	Yes	Yes	Yes
Year FE	Yes	Yes	Yes	Yes
Obs	12216	12216	4427	7789
$R^2.Adj$	0.018	0.063	0.095	0.056

注：表中括号内为 t 值，标准误经过公司层面 Cluster 调整，*** 、** 、* 分别代表 1%、5% 和 10% 的水平下显著。

三、扩展性分析和影响机制检验

（一）进口竞争、企业外部环境与投资效率

我国经济发展水平和法治水平并不平衡以及国家政策、资源禀赋、地理位

置的不同，市场化进程存在明显的差异（樊纲等，2009）。在某些省份，尤其是沿海省份，市场化进程已经有显著性提高，取得了决定性进展。然而，在另外一些省份，尤其是内陆省份，在经济发展过程中非市场因素扮演着非常重要的角色（孙铮等，2005）。相较于市场化进程较慢的地区，市场化进程较快地区的经济发展水平、要素市场发育水平、法治化水平一般比较高，而政府的干预程度一般而言比较低（雷光勇和刘慧龙，2007），资源配置效率较高（方军雄，2006）；同时，市场化进程较快的地区因其有着较高的法治化水平，执行法律法规的能力更强，对投资者保护力度增强，可以制约高层管理者对外部股东的侵占行为（王克敏和陈井勇，2004）；反之，在市场化进程较慢的地区，由于缺乏健全的投资者法律保护及完善的证券民事赔偿制度保障，基于严苛的股票融资与再融资制度和管制下的企业改制模式，地方政府和控股股东有动机且有能力通过资产重组方式转移上市公司利润，来支持地方政府的发展和维持母公司的存续（李增泉等，2004）。因此，对于市场化竞争较慢的地区而言，外部的市场环境较弱，此时进口竞争带来的影响会更大。

此外，已有研究表明，产品市场竞争能够降低企业的代理成本。产品市场竞争是获取经济效率的最佳途径，企业在外在的竞争压力下会自觉提高公司生产效率，进而解决可能存在的代理问题（姜付秀等，2009），因此进口竞争与产品市场竞争之间会存在替代效应，预计进口竞争对行业竞争较小的企业的投资效率的影响会更大。

表 3 - 4 报告了企业外部环境对进口竞争与投资效率关系的影响作用。从 Panel A 的回归结果可以看出，进口竞争对投资效率的影响主要集中在市场化进程较慢的地区的公司中，而对市场化进程较高地区的公司而言，进口竞争对投资效率的影响并不显著，同时从第 3 列加入了交互项的回归结果来看，交互项的回归系数为 0.053，在 5% 的水平下显著，表明进口竞争对投资效率的影响在不同市场化进程地区的公司中存在显著差异。

而从 Panel B 的回归结果可以发现，进口竞争对投资效率的影响只存在于国内的行业竞争较小的组中，且在加入了交互项之后的回归结果中，交互项的系数为 - 0.040，在 10% 的水平下显著，即进口竞争对投资效率的影响在不同国内行业竞争的企业中存在显著差异。

表 3-4　　进口竞争与投资效率的影响在不同公司治理中的表现

VARIABLES	*Inveff*		
	(1)	(2)	(3)
Panel A：*Low Market Index vs. High Market Index*			
	Low	*High*	*Full Sample*
Tariff Diff	-0.064*** (-4.430)	0.010 (0.453)	-0.054*** (-4.431)
Market High			-0.006*** (-3.512)
Tariff Diff Market High			0.053** (2.515)
Control Variable	Yes	Yes	Yes
Industry FE	Yes	Yes	Yes
Year FE	Yes	Yes	Yes
Obs	6376	5840	12216
R^2. *Adj*	0.068	0.062	0.065
Panel B：*Low HHI vs. High HHI*			
	Low HHI	*High HHI*	*Full Sample*
Tariff Diff	-0.015 (-0.801)	-0.049*** (-3.005)	-0.015 (-0.826)
HHI High			0.005* (1.839)
Tariff Diff HHI High			-0.040* (-1.718)
Control Variable	Yes	Yes	Yes
Industry FE	Yes	Yes	Yes
Year FE	Yes	Yes	Yes
Obs	9635	2581	12216
R^2. *Adj*	0.064	0.060	0.064

注：表中括号内为 t 值，标准误经过公司层面 Cluster 调整，***、**、* 分别代表 1%、5% 和 10% 的水平下显著。

（二）进口竞争、企业特征与投资效率

我们还从企业特征的角度考察了不同类型企业对进口竞争与投资效率关系的潜在影响。对于国有企业而言，盈利并非是唯一的目标，国有企业还承担了一定的社会责任。在这一制度背景下国有企业追求财务业绩的动机会降低，同时国有企业的高管一般是政府委派，他们的薪酬和升迁是与业绩、社会等多重因素挂钩的（林毅夫和李志赟，2004）。在多重目标导向下，国有企业很可能是政府实现目标的工具，进而与追求股东利益最大化的目标相矛盾（白重恩等，2005）。同时，经验证据表明，与非国有企业相比，国有企业的控股股东与其他中小股东的代理问题更为严重，这一代理问题的加剧促使了中小股东寻求在价格上的保护（蒋琰和陆正飞，2009）。关税削减带来的竞争压力，可能会迫使国有企业更多地考虑财务业绩以维持经营。同时，进口竞争的治理效应也会缓减国企内部较严重的委托—代理问题，因此，进口竞争对国有企业投资效率的影响可能更为显著。

同时，Holmes 和 Schmitz（2001）指出，由于出口企业也参与了国际贸易，在国际市场中面临着出口国公司的竞争，因此出口企业的生产效率比非出口企业要高。Castellani 和 Zanfei（2007）利用意大利制造业企业为研究对象，发现更频繁地参与国际贸易的企业在经济业绩和创新绩效方面表现较好，即国际贸易能够使得企业具有较高的生产率溢价和创新投入。因此，进口竞争所带来的知识溢出效应可能在非出口企业中会更加显著。

表 3－5 报告了企业特征对进口竞争与投资效率关系的影响作用。Panel A 为按照产权性质分组的回归结果，从回归结果可见，进口竞争对投资效率的影响主要集中在国有企业中，而对非国有企业没有产生显著影响，其中交互项的回归系数为－0.061，在 1% 的水平下显著，表明进口竞争与投资效率的影响在不同产权性质的企业中存在显著差异。

Panel B 为按照企业是否有海外销售收入分组的回归结果，从回归结果可见，进口竞争对投资效率的影响集中体现在没有海外销售收入的企业中，而对有海外销售收入的企业影响并不显著，且交互项的回归系数为 0.036，在 10% 的水平下显著。

表 3－5　　进口竞争与投资效率的影响在不同公司治理中的表现

VARIABLES	*Inveff*		
	(1)	(2)	(3)
Panel A：*Non SOE vs. SOE*			
	Non SOE	*SOE*	*Full Sample*
Tariff Diff	－0.002 (－0.086)	－0.058*** (－4.163)	－0.000 (－0.010)
SOE			－0.002 (－0.860)
Tariff Diff SOE			－0.061*** (－2.861)
Control Variable	Yes	Yes	Yes
Industry FE	Yes	Yes	Yes
Year FE	Yes	Yes	Yes
Obs	5991	6225	12216
R^2. *Adj*	0.054	0.075	0.064
Panel B：*Without Overseas Sales vs. With Overseas Sales*			
	Without Overseas Sales	*With Overseas Sales*	*Full Sample*
Tariff Diff	－0.077*** (－4.219)	－0.010 (－0.593)	－0.053*** (－3.793)
Overseas Sales			－0.002 (－1.241)
Tariff Diff Overseas Sales			0.036* (1.850)
Control Variable	Yes	Yes	Yes
Industry FE	Yes	Yes	Yes
Year FE	Yes	Yes	Yes
Obs	4722	7494	12216
R^2. *Adj*	0.057	0.069	0.063

注：表中括号内为 t 值，标准误经过公司层面 Cluster 调整，***、**、*分别代表 1%、5% 和 10% 的水平下显著。

（三）进口竞争与企业投资效率：影响机制

基于前面的分析，进口竞争会通过提高公司治理和知识溢出两种渠道，进而提高企业的投资效率，因此本书分别对这两个影响机制进行了检验。检验结果如表 3－6、表 3－7 所示。

1. 进口竞争与公司治理

表 3－6 列示了进口竞争与公司治理的回归结果，由于对管理层努力的程度很难进行观测，因此本书主要分析公司年报的信息质量来检验进口竞争对公司治理的影响。第 1 列为进口竞争与应计盈余管理之间的回归结果，从回归结果可以看出，进口竞争并没有影响公司的应计盈余质量部分。但是，从第 2 列列示的进口竞争和真实盈余管理之间的回归结果可知，进口竞争能够促使企业减少真实盈余管理的程度，*Tariff Diff* 的回归系数为－0. 174，在 5% 的水平下显著。第 3 列列示的是进口竞争与“四大”会计师事务所选择的回归结果，从回归结果可以看出进口竞争能够促使企业提高聘请国际“四大”会计师事务所的概率，即表明当企业面临的进口竞争越大时，企业更具有动力向外界提供更高的信息质量，以区分自身和竞争对手。表 3－6 的整体回归结果表明，进口竞争能够提高企业的公司治理水平。

表 3－6　　　　　　　　进口竞争与公司治理

VARIABLES	(1)	(2)	(3)
	EM	*REM*	*Big4* = 1①
Tariff Diff	0. 021 (1. 163)	－0. 174 ** (－2. 404)	2. 184 ** (1. 984)
Size	－0. 002 ** (－2. 112)	－0. 029 *** (－9. 087)	1. 375 *** (25. 721)
FCF	－0. 068 *** (－4. 063)	－1. 769 *** (－52. 673)	3. 408 *** (4. 770)
Leverage	0. 034 *** (7. 166)	0. 181 *** (11. 794)	－1. 837 *** (－5. 933)
SalesGrowth	0. 029 *** (11. 534)	－0. 056 *** (－7. 185)	－0. 463 *** (－3. 450)

① 使用 Probit 模型进行估计。

续表

VARIABLES	(1)	(2)	(3)
	EM	*REM*	*Big4* = 1
OREC	0.073*** (3.828)	-0.232*** (-5.003)	-4.004*** (-2.577)
Manage Fee	0.093*** (7.822)	-0.340*** (-8.361)	2.304*** (2.864)
SOE	-0.005*** (-2.903)	0.006 (0.995)	-0.001 (-0.011)
Largest	0.013*** (2.720)	0.002 (0.102)	-0.521* (-1.801)
Dual	0.002 (1.410)	-0.006 (-1.019)	-0.473*** (-3.160)
Ln(Boardsize)	-0.003 (-0.660)	-0.014 (-1.065)	0.143 (0.587)
Independent %	-0.002 (-0.177)	0.032 (0.763)	-1.131 (-1.275)
SameLocation	-0.003* (-1.952)	-0.002 (-0.422)	0.224** (2.409)
Ln(Meeting)	0.004** (2.361)	-0.005 (-0.797)	0.026 (0.202)
Constant	0.067*** (3.532)	0.736*** (10.411)	-31.455*** (-27.579)
Industry FE	Yes	Yes	Yes
Year FE	Yes	Yes	Yes
Obs	12159	12212	12216
R^2. *Adj/Pseudo* R^2	0.082	0.407	0.262

注：表中括号内为 t 值，标准误经过公司层面 Cluster 调整，***、**、* 分别代表 1%、5% 和 10% 的水平下显著。

2. 进口竞争与知识溢出

表 3-7 列示了进口竞争与人力资本和研发投入的回归结果。前 3 列报告了进口竞争对企业人力资本水平的影响，结果表明进口竞争并没有影响公司海外

高管的比例，但是进口竞争能够促使企业雇用更多的高学历的员工，从而增加了在人力资本方面的投入。第 4 列列示的是关税下降与研发投入的回归结果，结果表明进口竞争能够促使企业提高研发支出。因此，表 3－7 的整体回归结果表明，进口竞争给国内企业带来了知识溢出效应，具体表现为对人力资本和研发支出的提高。

表 3－7　　　　进口竞争与人力资本/研发投入的影响

VARIABLES	(1)	(2)	(3)	(4)
	Managerial Oversea %	*Employee Master %*	*Employee College %*	*R&D/Sales*
Tariff Diff	－0.010 (－0.323)	0.051*** (2.783)	0.211** (1.978)	0.025* (1.812)
Size	0.009*** (4.445)	0.004*** (3.238)	0.011*** (2.675)	0.002*** (2.799)
FCF	0.041*** (2.864)	－0.014* (－1.876)	－0.030 (－0.785)	0.016** (2.292)
Leverage	－0.028*** (－4.421)	－0.023*** (－5.795)	－0.098*** (－5.202)	－0.025*** (－7.327)
SalesGrowth	0.003 (1.633)	0.007*** (5.460)	0.036*** (7.191)	0.004*** (3.970)
OREC	－0.027 (－1.384)	－0.001 (－0.110)	0.081 (1.167)	－0.073*** (－3.277)
Manage Fee	0.046*** (3.329)	0.088*** (5.701)	0.285*** (6.184)	0.286*** (16.735)
SOE	－0.023*** (－7.655)	0.002 (0.935)	0.005 (0.592)	－0.002 (－1.217)
Largest	0.002 (0.159)	－0.007 (－1.341)	－0.020 (－0.759)	－0.004 (－0.936)
Dual	0.008** (2.367)	－0.002 (－1.570)	0.005 (0.649)	0.002* (1.940)
Ln(Boardsize)	0.012* (1.658)	0.008 (1.513)	0.050** (2.485)	0.000 (0.037)

续表

VARIABLES	(1) *Managerial Oversea %*	(2) *Employee Master %*	(3) *Employee College %*	(4) *R&D/Sales*
Independent %	0.054** (2.324)	0.020 (1.516)	0.115* (1.788)	0.009 (0.801)
SameLocation	0.001 (0.381)	0.007*** (5.379)	0.024*** (4.291)	0.004*** (3.888)
Ln(Meeting)	0.009*** (2.999)	0.002 (1.028)	0.011 (1.393)	-0.001 (-0.408)
Constant	-0.206*** (-5.112)	-0.112*** (-3.556)	-0.232** (-2.535)	-0.030* (-1.882)
Industry FE	Yes	Yes	Yes	Yes
Year FE	Yes	Yes	Yes	Yes
Obs	12216	12208	12208	5223
R^2. *Adj*	0.078	0.091	0.129	0.518

注：表中括号内为 t 值，标准误经过公司层面 Cluster 调整，***、**、* 分别代表 1%、5% 和 10% 的水平下显著。

四、稳健性检验

为了进一步保证结果的稳健性，我们首先通过选取未来一期的投资效率测度作为被解释变量，重新进行回归。同时，为了保证投资效率测度的可靠性，我们另外构造了两个度量企业投资效率的指标。参考 Biddle et al.（2009），我们使用企业投资对成长机会的回归模型来估计企业的投资效率，其中成长机会用销售增长率来衡量。此外，考虑到投资在收入增长的关系在收入增加或减少时可能存在差异，参考 Chen et al.（2011）的研究，我们还构造了一个分段线性回归模型来估计投资效率。表 3-8、表 3-9 和表 3-10 列示了上述稳健性检验的结果，此外我们还使用 Tobit 模型对全书所有模型进行了重新回归，结果仍然一致，受篇幅所限这里不再一一展示。总体而言，前文检验的进口竞争与投资效率的关系较为稳健。

表 3 - 8　　　　稳健性检验 1

Dependent Variable = $Inveff_{t+1}$

VARIABLES	(1)	(2)	(3)	(4)	(5)
Tariff Diff	-0.026*** (-2.823)	-0.045*** (-4.357)	0.016 (1.075)	-0.006 (-0.402)	-0.048*** (-4.144)
Market Index		-0.006*** (-4.763)			
Tariff Diff Market High		0.053*** (3.380)			
SOE			0.001 (1.013)		
Tariff Diff SOE			-0.072*** (-4.559)		
HHI High				0.008*** (3.581)	
Tariff Diff HHI High				-0.041** (-2.193)	
Overseas Sales					-0.003** (-2.181)
Tariff Diff Overseas Sales					0.044*** (2.938)
Control Variable	Yes	Yes	Yes	Yes	Yes
Industry FE	Yes	Yes	Yes	Yes	Yes
Year FE	Yes	Yes	Yes	Yes	Yes
Obs	11875	11875	11875	11875	11875
R^2. *Adj*	0.042	0.043	0.043	0.043	0.042

注：表中括号内为 t 值，标准误经过公司层面 Cluster 调整，***、**、* 分别代表 1%、5% 和 10% 的水平下显著。

表 3－9　　　　稳健性检验 2

Dependent Variable = *Inveff Biddle*					
VARIABLES	(1)	(2)	(3)	(4)	(5)
Tariff Diff	－0.020* (－1.850)	－0.045*** (－3.811)	0.028* (1.720)	0.008 (0.445)	－0.039*** (－3.015)
Market Index		－0.008*** (－5.219)			
Tariff Diff Market High		0.071*** (3.970)			
SOE			0.002 (1.528)		
Tariff Diff SOE			－0.082*** (－4.729)		
HHI High				0.009*** (3.312)	
Tariff Diff HHI High				－0.055** (－2.566)	
Overseas Sales					－0.002 (－1.399)
Tariff Diff Overseas Sales					0.040** (2.324)
Control Variable	Yes	Yes	Yes	Yes	Yes
Industry FE	Yes	Yes	Yes	Yes	Yes
Year FE	Yes	Yes	Yes	Yes	Yes
Obs	12210	12210	12210	12210	12210
R^2. *Adj*	0.054	0.056	0.055	0.055	0.054

注：表中括号内为 t 值，标准误经过公司层面 Cluster 调整，***、**、* 分别代表 1%、5% 和 10% 的水平下显著。

表 3-10　　稳健性检验 3

Dependent Variable = *Inveff Chen*					
VARIABLES	(1)	(2)	(3)	(4)	(5)
Tariff Diff	-0.020* (-1.863)	-0.046*** (-3.856)	0.025 (1.588)	0.011 (0.635)	-0.037*** (-2.909)
Market Index		-0.008*** (-5.390)			
Tariff Diff Market High		0.072*** (4.075)			
SOE			0.003 (1.623)		
Tariff Diff SOE			-0.078*** (-4.520)		
HHI High				0.010*** (3.592)	
Tariff Diff HHI High				-0.061*** (-2.878)	
Overseas Sales					-0.002 (-1.091)
Tariff Diff Overseas Sales					0.037** (2.163)
Control Variable	Yes	Yes	Yes	Yes	Yes
Industry FE	Yes	Yes	Yes	Yes	Yes
Year FE	Yes	Yes	Yes	Yes	Yes
Obs	12210	12210	12210	12210	12210
R^2. *Adj*	0.051	0.053	0.053	0.052	0.051

注：表中括号内为 t 值，标准误经过公司层面 Cluster 调整，***、**、* 分别代表 1%、5%和 10%的水平下显著。

本章小结

本章利用进口关税削减作为准自然实验来考察进口竞争对企业投资效率的影响。研究发现，进口竞争对企业投资效率有显著的正向影响，即进口竞争越大，企业的投资效率越高，且对企业的投资过度和投资不足两方面均有改善作用。同时，从企业所处的外部环境以及企业自身特征来看，进口竞争对企业效率的积极作用在市场化进程较慢的地区、产品市场竞争程度较低的行业中的公司、国有企业和非出口企业中表现更为显著。在机制检验方面，本书分析了进口竞争对公司治理和人力资本及研发方面投入的影响分析，发现进口竞争能够改善企业的公司治理水平（主要体现在降低真实盈余管理和聘请“四大”会计事务所），同时会促使上市公司提高员工的教育程度和进行更多地研发投入。尽管当前一些国家开始出现贸易保护主义的趋势，但本书的研究结论表明，建设开放型世界经济、促进贸易和投资的自由化仍然是推进经济全球化发展的长期趋势，特别是对于国内企业的投资效率具有积极推动作用，这实际上也为当前制定对外扩大开放的政策提供了一定依据。本书一方面为我国政府决策层继续积极推进贸易自由化、经济全球化进程向着更加包容普惠的方向发展提供有参考价值的大样本经验证据，另一方面也为我国上市企业进一步完善自身治理机制和投资结构、以应对经济全球化和贸易自由化浪潮冲击提供政策建议。

第四章　空气质量与企业员工流失的实证研究

第一节　问题的提出

“雾霾之上，穹顶之下，我们同呼吸，共命运”。这句话来自前央视主持人柴静2015年独立制作的大型空气污染深度公益调查片《穹顶之下》。这部纪录片将公众的目光聚焦于雾霾，聚焦于我们共同呼吸的空气，一经推出，立刻引发了社会各界对空气污染尤其是雾霾现象的高度关注。近年来，雾霾污染频发严重危害着国计民生，中国众多城市面临着日益严重的空气污染问题，不仅威胁着人民的生命安全与身体健康，也对城市的可持续发展提出了严峻挑战。因此，雾霾和环境污染治理已成为社会媒体、政府部门甚至是企业家们关注的重点议题之一。

长期以来，我国粗放式的经济发展方式在保持经济高速增长的同时也付出了高昂的环境代价。世界银行的研究报告显示：全球污染最严重的20个城市中，中国占了16个①。2010年全球疾病负担研究报告认为，空气污染是影响中国民众健康的第四大因子（Yang et al.，2013）。Chen et al.（2013）发现，中国对淮河以北地区长期在冬季供煤取暖这样的政策所产生的空气污染，导致了我国北方居民的人均预期寿命减少5.5年。陈硕和陈婷（2014）发现，火电厂二氧化硫排放量会增加万人中死于呼吸系统疾病及肺癌的人数。He、Fan和Zhou（2016）考察中国2008年北京奥运会治霾政策，发现PM10的下降能显著降低居

① 中国是目前世界上最大的二氧化硫（SO_2）和二氧化碳（CO_2）排放国；中国58%的城市大气年均PM10（直径10微米以下的可吸入颗粒物）浓度超过100$\mu g/m^3$，相比之下，美国全国年均PM10浓度为50$\mu g/m^3$（王敏和黄滢，2015）。严重的空气污染对中国居民健康产生了极大的危害：因空气污染导致的健康成本对中国的影响早在2003年已达到GDP的1.16%—3.8%（World Bank，2007）。

民死亡率。

空气质量不仅影响了人体健康，还引发了一系列经济后果，特别不容忽视的是空气污染对人才流失起到了推波助澜的作用。正是在这种背景下，本书试图实证研究空气污染是否会对微观企业的员工流失产生不利影响，并在此基础上深入探讨了这种影响机制在企业内部员工特征和外部环境相异的样本组中是否具有不同的表现。

事实上，相关的媒体已经有类似的报道。例如，2016 年 11 月 19 日召开的外滩国际金融峰会上，万达集团董事长王健林发表了“商业与城市关系”的主题演讲，他认为商业与城市关系密不可分，空气污染问题不解决，城市的商业价值、优秀的人才和公司都可能会逐渐流失。他的言论绝非危言耸听，现实中已有一些为了逃离北方雾霾而向南搬迁的实例①，当 2015 年 12 月，北京市政府在短短两周内连续两次发布雾霾红色预警时，《纽约时报》中文网曾刊载文章《雾霾是否会导致北京人才流失?》，认为“随着对红色预警带来的不便日渐失去耐心，以及对长期福祉的担忧加剧，离开可能是一个颇具吸引力的解决办法”②。可见，空气污染对人才的挤出现象已经成为媒体关注的焦点问题。

近年，学术界也有一些相关的研究开始关注空气质量对人力资本的影响（Graff Zivin 和 Neidell，2013）。但总体而言，现有文献虽然证实了空气污染对人力资本的负面影响，但均未从微观企业层面探讨过空气质量对企业员工流动的影响后果及作用机制。例如，研究发现空气质量对学生的课业表现（Zweig et al.，2009；Lavy et al.，2012；Stafford，2015）、员工生产效率（Graff Zivin 和 Neidell，2012；Chang et al.，2016a；Chang et al.，2016b；He，Liu and Salvo，2019）甚至是职业运动员赛场表现（Lichter et al.，2017）均有显著影响，空气污染能通过增加学校缺勤率（Ransom 和 Pope，1992；Gilliland et al.，2001；Park et al.，2002；Currie et al.，2009）、降低一周工作时长和员工生产效率（Hanna 和 Oliva，2015；Graff Zivin 和 Neidell，2012）以及提高居民移民倾向（Chen et al.，2017；Qin 和 Zhu，2018）等途径，最终导致人力资本的流失。由于人力资本可被视为经济增长的重要引擎（Romer，1986），空气质量对人力资本的影响会在长期对经济增长产生重大、深远且不可忽略的影响。

---

① http：//mt. sohu. com/20151219/n431888918. shtml；
http：//zhenhua. 163. com/13/1209/15/9FLOMT3M000465CI. html.

② http：//cn. nytimes. com/china/20151223/c23chinasmog/zh – hant/.

对员工流动的研究是当前企业人力资源管理发展的需要，人力资本的积累是企业生存与发展的关键。然而，在我国关于企业员工流动的实证研究仍然十分缺乏。我们认为，对企业员工流动及其影响因素的研究至少具有以下三个意义：第一，正是企业中的这种微观流动，促成了劳动力在不同省份、不同地区和不同企业之间的宏观流动，实现了人力资源在全社会范围内的合理有效配置，进而可以有效地促进国家经济的整体发展。第二，从个人层面来说，随着我国计划经济体制向市场经济体制的转变，个体择业的自由度得到了很大提升，个体的意愿在一定程度上得到了尊重，人们可以根据自身的想法选择变化工作，以寻求个体发展的最佳途径，因而员工离职还可以被视为是个体人力资本不断增值的方法和手段。第三，由于过度的员工流动和人才流失造成的职位空缺成本、新员工招聘、培训和上岗适应期间的低效率成本等都会为企业带来不必要的损失，若我们能识别出新的可能对企业员工流失产生影响的因素，则可为企业的人力资源管理和人才战略的实施提供有价值的政策建议。因此，大至国家宏观发展、企业人力资源建设，小至家庭和个人自身能力培养，研究企业员工流动问题及其影响因素都具有重要的理论和现实意义。由于目前尚无文献从空气质量角度切入来研究员工流动的影响因素，且鲜有学者将员工学历、薪酬等内部特征和企业外部环境特征与之相结合进行研究，本书试图较为全面地考察空气质量对企业人力资本的影响，基于微观企业层面的员工流失来评估空气污染的经济后果，并在此基础上结合企业员工特征和外部环境深入探讨其内在影响机制。

具体而言，通过构造企业的净员工流入指标，我们结合城市污染水平，研究发现糟糕的空气质量确实会显著提升企业员工的流失率。为了解决空气质量与企业员工流动的反向因果偏误，本书选取气象学中的“逆温强度（Thermal Inversions）”作为空气质量的工具变量来缓解内生性问题，并发现了一致的结论。此外，我们对员工特征和外部环境分组检验后发现企业员工流失主要体现在人均薪酬较低、员工学历较高以及行业竞争程度较高的企业组别之中。在稳健性检验中，我们进一步发现空气污染会导致企业员工流失的概率增大，同时使企业劳动力雇佣不足的概率显著上升。本书的研究从人力资本积累的角度揭示了中国空气污染治理的必要性，并能够为政府相关政策的制定以及企业人才战略的实施提供有价值的经验证据。

与之前的研究相比，本书的研究贡献主要体现在以下几个方面：第一，扩展了空气质量对人力资本影响的研究范围。Graff Zivin 和 Neidell（2013）认为空气污染对人力资本的经济后果是近年来的一个新兴领域，以往研究多从省份或城市等宏观层面考察了空气污染如何对劳动力市场上劳动者的供给意愿与供给数量产生影响（李佳，2014；徐鸿翔和张文彬，2017），而在微观企业层面上的研究多围绕员工工作时长、生产效率以及移民倾向等展开。而本书从员工流失这个新的视角，在微观企业层面创新性地考察空气质量的人力资本效应，填补了国内相关文献的空白。第二，已有文献主要从管理学和心理学的角度，以员工个体为分析单位，通过分析员工离职的心理决策过程，根据问卷调查挖掘和分析出影响员工离职倾向的各种因素，如员工满意度、组织承诺度、薪酬和晋升机会等，而本书创新性地从空气质量这样的外部环境的视角，对企业员工的自由流动行为赋予了新的解释。第三，基于气象学中逆温产生的自然原理我们构建了逆温强度作为空气质量的工具变量，并充分考虑了工具变量的相关性和排他性，较为合理地解决了内生性问题。第四，在考察城市空气质量对于企业员工流失的影响时，本书尝试从企业内部员工特征和外部环境的不同维度，进一步分析了员工离职行为的横截面差异。

第二节　文献综述与研究假设

综合已有研究，空气质量影响人力资本的途径，除了传统文献认为通过影响身体健康可作用于短期（Strauss 和 Thomas，1998；Currie 和 Stabile，2006）和长期（Currie 和 Hyson，1999）人力资本外，近年来新起的文献从劳动力供给、生产力、认知能力的形成和社会表现等方面入手，对空气质量和人力资本的关系进行了更深层次的阐述。一方面，Ransom 和 Pope（1992）、Gilliland et al.（2001）、Park et al.（2002）发现了空气污染对学生缺勤率有显著影响，由于学校是培育人力资本的重要载体，在校缺勤可能意味着对人力资本发展的阻碍（Grossman 和 Kaestner，1997）；另一方面，空气污染还会影响员工工作时长和工作效率（Graff Zivin 和 Neidell，2012；Chang et al，2016a，2016b；He et al.，2016）。

在前人文献的理论基础上，我们认为空气质量对员工的岗位流动也会产生影响。市场经济增强了劳动力市场的自由流动性，员工流动的一种重要方式即离职行为。空气质量对企业净员工流入的影响其实就是对企业就业水平增量部分的影响，也即对企业员工净离职量的负向影响。已有文献主要从薪酬和职位晋升激励的角度探讨了影响企业员工流动行为的原因（巫强和葛玉好，2014；步丹璐和白晓丹，2013）。但由上述文献可知，一方面，空气污染会影响员工身体健康，加重呼吸道、肺部和心血管疾病的概率，长期暴露在污染物中，甚至会增加死亡率或减少寿命；另一方面，即使空气污染短期对劳动力并未造成明显伤害，但可能会使得员工难以集中注意力，造成认知能力减弱、生产效率降低以及在进行体能工作时表现不佳，甚至是其他可能的潜在影响（Graff Zivin 和 Neidell，2013）。因此，当人们越来越关注对空气质量的认识时，良好的工作环境也成了一种非货币福利（Deng 和 Gao，2013），员工愿意为清洁的空气买单。而当企业所在地空气质量发生恶化时，员工会选择"用脚投票"，并对受污染的空气采取一定的"规避行为"（Graff Zivin 和 Neidell，2013），寻求空气质量更好的地区的工作机会，这样，员工净流出随之增加。据此，我们提出本书的假说：

假说 1：空气污染会显著提升企业员工的流失率。

第三节　数据来源与研究设计

一、数据说明

为了研究空气质量是如何影响企业员工流动的，我们需要获得城市空气质量与企业员工人数的数据。本书选取沪深两市 2000—2014 年的所有 A 股上市公司为初选样本，其中，空气质量指数来自中华人民共和国环境保护部公布的全国环境空气质量指数日报①，公布城市数量从 2000 年的 42 个增加到 2014 年的 160 个；上市公司财务和治理数据来源于国泰安经济金融数据库（CSMAR）和

① 根据我国环保部的规定，空气质量指数可划分为六个等级，分别为 0—50（优）、51—100（良）、101—150（轻度污染）、151—200（中度污染）、201—300（重度污染）和大于 300（严重污染）。空气质量指数越大，代表空气污染越严重，对人体危害越明显。

万德数据库（Wind）；行业分类依据中国证监会2001年颁布的《上市公司行业分类指引》，其中制造业由于数量众多且内部差异较大，取前两位代码分类，其他行业取第一位代码分类。我们根据原始数据计算了净员工流入、城市空气质量、人均员工薪酬、员工学历占比等指标，并手工补充搜集了2011年以前的员工学历数据。本书样本中剔除了金融行业、数据缺失或数据不符合一般会计准则的公司。同时，为消除极端值对研究结论的影响，我们对主要连续变量进行了上下1%的缩尾处理。经过上述数据筛选过程，最终得到14815个公司年度观测值。

二、变量定义

（一）空气质量指数（Air Quality Index，AQI）

AQI指标是中国环境保护部通过对地区空气质量进行每日监测获得，是测评空气质量和应对雾霾污染的科学依据（黎文靖和郑曼妮，2016）。值得注意的是，环保部2012年2月29日公布了新修订的《环境空气质量标准》（GB3095－2012）以及配套发行了《环境空气质量指数（AQI）日报技术规定（试行）》（HJ633－2012），将用空气质量指数（Air Quality Index，AQI）替代原有的空气污染指数（Air Pollution Index，API），与国际通行的名称一致。AQI所监测的空气污染物包括：二氧化硫（SO_2）、二氧化氮（NO_2）、可吸入颗粒物（PM10）、细颗粒物（PM2.5）、臭氧（O_3）和一氧化碳（CO）等。参考Hu et al.（2014）、Qin和Zhu（2015）、黎文靖和郑曼妮（2016）、石庆玲等（2016）的研究，我们采用AQI作为空气污染的衡量指标①，将企业数据与重点城市的AQI数据相匹配，考察城市空气质量对企业员工增长率的影响。若公司所在城市当年无AQI监测，则分别用该省份AQI的均值和中位数替代该城市的AQI均值和中位数。*LnAQI_mean* 和 *LnAQI_median* 分别代表当年各城市日空气质量指数的均值和中位数，分别取对数后的结果。

① 与先前空气污染指数（API）相比，现行空气质量指数（AQI）做了优化，主要体现在：API分级参考的标准是《环境空气质量标准》（GB3095－1996），评价的污染物包括二氧化硫（SO_2）、二氧化氮（NO_2）和可吸入颗粒物（PM10）三项，每天发布一次；而AQI分级参考的标准是《环境空气质量标准》（GB3095－2012），增加了细颗粒物（PM2.5）、臭氧（O_3）和一氧化碳（CO）三项污染物数据，且报告的频率由每天增加到了每小时。特别是PM2.5是指粒径小于等于2.5微米的污染颗粒物，它们易吸入人体肺部，造成的灰霾天气对人体健康和大气环境质量均有严重危害。在稳健性检验中，我们剔除了2014年的AQI数据，以削弱空气质量指数衡量口径优化所带来的可能影响。

（二）员工流失（*Employee Loss*）

本书用净员工流入（*Job_Creation*）来衡量企业员工的流动情况。Davis 和 Haltiwanger（1992）认为，一个行业和地区同时存在岗位创造与岗位破坏，新增一部分岗位的同时也会伴随着一部分岗位的消失，这样两者的共同作用最终表现在职员工人数会发生改变。若某年在职员工人数增加，即认为发生了净员工流入；反之，则认为是企业员工发生了净离职（巫强和葛玉好，2014；步丹璐和白晓丹，2013）。参照 Groizard et al.（2015）、巫强和葛玉好（2014）、毛其淋和许家云（2016）的定义，本书中净员工流入（*Job_Creation*）在数值上体现为在职员工年增长率。若企业当年有较高的净员工流入，则代表其员工流失程度较低，反之亦反。

（三）其他变量

考虑到企业内部员工的异质性及外部市场环境均会在边际上影响企业员工流动，因此，我们分别从员工薪酬、员工学历、企业在所处行业中的竞争程度这三个方面来考察空气质量对企业员工流失的影响。

其中，普通员工薪酬总额由现金流量表的“支付给员工以及为员工所支付的现金”项目减去董事、监事以及高管年度报酬总额后，再以 2014 年为基年对 CPI 调整后得到。员工学历数据来源于万德数据库（Wind）中公司资料的“人员构成”板块，由于 Wind 有关员工学历的数据从 2011 年起才开始有详细记载，故我们从公司年报中手动搜集并整理了 2000—2010 年的在职员工学历数据。行业竞争度利用赫芬达尔—赫希曼指数计算得到，等于该行业内所有企业的市场占有率（用销售额度量）的平方和，行业竞争度取值范围在 0 到 1 之间，取值越小，代表行业竞争程度越激烈，反之则行业垄断程度越高。

对于主要控制变量，为了剔除宏观经济形势、产业政策、气象特征和公司运营本身带来的企业结构性人员调整行为，我们在回归方程中引入了其他既可能影响空气质量，也可能影响企业员工流动的城市层面和企业层面的控制变量，包括城市层面的人均 GDP、人口密度、城市财政支出、城市年均房价、城市年均降雨量等经济和气象特征变量，以及公司经营和治理情况等企业治理变量。控制变量数据来自《中国城市统计年鉴》和国泰安数据库（CSMAR），同样地，对于部分控制变量，如房价数据仅包含全国重点 35 个大中型城市的年均房价，我们用该省份其他城市的均值和中位数替代缺失城市的均值和中位数。考虑到北京市、上海市、广州市、深圳市这四大一线城市在中国具有特殊的政治和经济地位，更多的就业机会、岗位优势、户籍优惠等因素使这四大一线城市具有较高的求职吸引力，因此我们分别设置这四个城市的虚拟变量以控制住它们对企业员工流失的其他可能影响。综上所述，具体变量定义如表 4－1 所示。

表 4－1　变量定义

变量	变量描述
Panel A 员工流失变量	
Job_Creation	净员工流入，即在职员工年增长率：Ln（当年在职员工数/去年在职员工数）。若企业当年净员工流入较高，则代表其员工流失程度较低，反之亦反
Job_Creation_Dummy	是否有净员工流入，若有则定义为 1，无净员工流入则定义为 0
Job_Creation_Edu_High	企业高学历员工的净员工流入，即大专及以上学历在职员工的年增长率，数值等于 Ln(当年高学历在职员工数/去年高学历在职员工数)
Job_Creation_Edu_Low	企业低学历员工的净员工流入，即高中及以下学历在职员工的年增长率，数值等于 Ln(当年低学历在职员工数/去年低学历在职员工数)
Net_Hire_Lack	参考 Jung et al.（2014）的计算方法，若企业为雇佣不足则取值为 1，否则为 0
Panel B 空气质量变量	
AQI_mean	当年城市日空气质量指数的均值
LnAQI_mean	当年城市日空气质量指数的均值，取对数
Panel C 其他控制变量	
Ln_Per_GDP_Adj	以 2014 年为基准、经 CPI 调整后的城市人均 GDP 的自然对数
Ln_Density	城市人口密度的自然对数
Ln_Rainfall	城市年均降雨量的自然对数
Ln_Fiscal	城市年度财政支出的自然对数
Ln_Houseprice	城市年均房价的自然对数
ROA	公司资产收益率：净利润/总资产
Lnsize	公司规模，以公司总资产的自然对数表示
Growth	公司营业收入年增长率
Lnage	公司的上市年龄，以观测年度减去公司上市年份加上 1 的自然对数表示
Leverage	公司资产负债率：总负债/总资产
Duality	两职合一指标，测度本年度董事长与总经理是否由一人承担，若 *Duality* = 1，代表兼任；*Duality* = 0，代表不兼任
Board	董事会规模人数

续表

变量	变量描述
Panel C 其他控制变量	
Outratio	公司独立董事总人数占董事会规模比重
*Top*1	公司第一大股东持股比例
Ln_Per_Emplpay_Adj	经过 CPI 调整后的企业人均员工薪酬的自然对数
Highedu_Ratio	企业本科（含大专）以上学历的员工比例
HHI	赫芬达尔—赫希曼指数，测量行业集中度的指标
CityBig4_Dummy	分别设置北京市、上海市、广州市、深圳市这四大一线城市的虚拟变量
IndustryDummy	行业虚拟变量
YearDummy	年度虚拟变量

三、描述性统计分析

表4－2是对表4－1主要变量的描述性统计结果。从表4－2可以看出，样本中上市公司净员工流入（*Job_Creation*）的平均值为0.0658，标准差为0.2555，经统计，该指标有38.98%的比例小于0，这表明2000年以来我国企业雇佣员工人数并非始终单调上升，受经济周期波动情况呈现有增有减的态势。上市公司是否有净员工流入（*Job_Creation_Dummy*）的均值为0.6102，表明约有61%的企业员工数量较之前一年有增加。年度城市AQI（*AQI_mean*）均值为78.5971，与黎文靖和郑曼妮（2016）结果基本相同，AQI在50—100点区间内，达到国家空气质量日均值二级标准。

表4－2　　　　主要变量描述性统计

Variable	Observations	Mean	SD	Min	P50	Max
Job_Creation	14815	0.0658	0.2555	－0.6165	0.0246	0.9614
Job_Creation_Dummy	14815	0.6102	0.4877	0.0000	1.0000	1.0000
AQI_mean	14815	78.5971	25.4099	21.0110	73.6887	384.0000
LnAQI_mean	14815	4.3241	0.2732	3.0450	4.2999	5.9506
Ln_Per_GDP_Adj	14815	10.7146	0.7269	7.7859	10.8566	12.2637
Ln_Density	14815	6.4505	0.7487	2.7657	6.5569	7.8867
Ln_Rainfall	14815	4.3928	0.5270	2.2367	4.4588	5.3891

续表

Variable	Observations	Mean	SD	Min	P50	Max
Ln_Fiscal	14815	15.3335	1.3204	10.8755	15.2833	17.7121
Ln_Houseprice	14815	8.9342	0.6144	7.2086	8.8798	10.1155
ROA	14815	0.0345	0.0565	-0.1767	0.0339	0.1564
Lnsize	14815	21.6965	1.2025	19.3102	21.5683	24.5436
Growth	14815	0.1807	0.3669	-0.5190	0.1279	1.5731
Lnage	14815	2.0897	0.7081	0.0000	2.3026	3.1781
Leverage	14815	0.4770	0.2189	0.0767	0.4828	0.9666
Duality	14815	0.1952	0.3964	0.0000	0.0000	1.0000
Board	14815	9.0416	1.8701	3.0000	9.0000	19.0000
Outratio	14815	0.3633	0.0515	0.0000	0.3333	0.5000
Top1	14815	0.3686	0.1540	0.1197	0.3493	0.7175
Ln_Per_Emplpay_Adj	14815	10.9543	0.7328	8.8481	10.9922	12.5099
Highedu_Ratio	14815	0.3751	0.2935	0.0000	0.3452	0.9804
HHI	14815	0.0739	0.0658	0.0201	0.0515	0.3478

第四节　实证检验与分析

一、空气质量与企业员工流失

为了检验假说，探讨空气污染对企业员工流失的影响，参考黎文靖和郑曼妮（2016）、巫强和葛玉好（2014）、步丹璐和白晓丹（2013）的研究方法构造以下模型：

$$Job\_Creation_{it} = \beta_0 + \beta_1 AQI_{it} + \gamma Controls_{it} + \mu_{ind} + \mu_t + \varepsilon_{it} \tag{4-1}$$

模型（4－1）中，i 代表企业个体，t 代表年度标识，μ_{ind}和μ_t分别代表企业的行业和年度效应，ε_{it}为随机扰动项。*Job_Creation* 代表公司的净员工流入，若企业当年在职员工年增长率越高，则代表企业当年员工流失程度越低，反之亦反。*AQI* 表示空气质量水平，若 *AQI* 越大代表空气污染越严重。*Controls* 表示其他控制变量，包括城市经济层面、气象层面和企业层面的数据，具体如下：以2014年为基准，经CPI调整后的城市人均GDP数据 *Ln_Per_GDP_Adj*、城市人口密度的自然对数 *Ln_Density*、城市财政支出的自然对数 *Ln_Fiscal*、城市年均房价的自然对数 *Ln_Houseprice*、城市年均降雨量的自然对数 *Ln_Rainfall*、公司资产收益率 *ROA*、企业规模的自然对数 *Lnsize*、公司营业收入年增长率 *Growth*、公司上市年限加1的自然对数 *Lnage*、公司资产负债率 *Leverage*、两职合一虚拟变量 *Duality*、董事会规模人数 *Board*、独立董事占董事会规模比重 *Outratio*、第一大股东持股比例 *Top*1、经CPI调整后的企业员工人均薪酬对数 *Ln_Per_Emplpay_Adj*、企业高学历员工所占比例 *Highedu_Ratio*、行业竞争度 *HHI*。若空气污染确实会导致员工流出，则 β_1 系数显著为负。模型（4-1）的回归结果见表4-3。

表4-3　　空气质量与企业员工流失

变量	*Job_Creation*			
	Reg-1	*Reg*-2	*Reg*-3	*Reg*-4
LnAQI_mean	-0.0325*** (0.011)	-0.0321* (0.019)	-0.0415** (0.018)	-0.0416** (0.018)
Ln_Per_GDP_Adj	0.0169** (0.007)	0.0199*** (0.007)	0.0670** (0.027)	0.0646** (0.027)
Ln_Density	0.0055 (0.007)	-0.0003 (0.006)	-0.0206 (0.014)	-0.0190 (0.014)
Ln_Rainfall	0.0075 (0.005)	-0.0044 (0.166)	0.0001 (0.010)	0.0023 (0.011)
Ln_Fiscal	0.0066 (0.005)	0.0057 (0.005)	0.0366** (0.016)	0.0380** (0.016)
Ln_Houseprice	0.0006 (0.009)	0.0661 (0.048)	-0.0275 (0.026)	-0.0281 (0.026)
ROA	0.0013*** (0.000)	0.0013*** (0.000)	0.0010*** (0.000)	0.0010*** (0.000)
Lnsize	0.0545*** (0.006)	0.0543*** (0.003)	0.0910*** (0.011)	0.0910*** (0.011)
Growth	0.2365*** (0.013)	0.2355*** (0.009)	0.1850*** (0.017)	0.1852*** (0.017)
Lnage	-0.0350*** (0.003)	-0.0340*** (0.003)	-0.0682*** (0.011)	-0.0677*** (0.011)
Leverage	-0.0838*** (0.017)	-0.0878*** (0.013)	-0.0295 (0.035)	-0.0294 (0.035)

续表

变量	*Job_Creation*			
	Reg - 1	*Reg* - 2	*Reg* - 3	*Reg* - 4
Duality	-0.0038 (0.005)	-0.0020 (0.005)	0.0127 (0.009)	0.0125 (0.009)
Board	0.0024 * (0.001)	0.0019 (0.001)	0.0008 (0.003)	0.0009 (0.003)
Outratio	-0.0293 (0.072)	-0.0673 (0.062)	-0.0045 (0.092)	-0.0036 (0.092)
*Top*1	0.0080 (0.019)	0.0060 (0.015)	0.1029 * (0.054)	0.1033 * (0.055)
Ln_Per_Emplpay_Adj	-0.1020 *** (0.007)	-0.1051 *** (0.005)	-0.2441 *** (0.014)	-0.2444 *** (0.014)
Highedu_Ratio	0.0397 *** (0.011)	0.0462 *** (0.010)	-0.0171 (0.020)	-0.0176 (0.020)
HHI	0.5562 ** (0.229)	0.8052 * (0.480)	0.4228 * (0.253)	0.4254 * (0.253)
Ln_Temperature				-0.0627 (0.056)
Ln_Humidity				-0.0884 (0.065)
Ln_Sunshine				-0.0156 (0.027)
Constant	-0.6724 * (0.362)	-0.7508 (0.902)	-0.4042 (0.530)	0.2110 (0.686)
CityBig4_Dummy	Yes	Yes	No	No
Fixed Effects	行业和年度	行业 * 年度/ 省份 * 年度	公司和年度	公司和年度
Observations	14815	14815	14815	14815
Adj. R^2	0.156	0.165	0.156	0.156

注：本表检验城市空气质量对企业员工流失的影响。其中，*Reg* - 1 是控制了行业和年度效应的回归结果，*Reg* - 2 是控制了行业随年份变动效应以及省份随年份变动效应的回归结果，*Reg* - 3 是控制了公司和年度的双向固定效应的回归结果，而 *Reg* - 4 是在 *Reg* - 3 的基础上在控制变量中加入主要城市气温、湿度以及日照时长的回归结果。Adj. R^2 为调整后的 R^2。回归系数下面一行括号中为经过公司聚类（Cluster）修正后的标准误，*** 、** 和 * 分别表示估计系数在 1% 、5% 和 10% 的显著性水平下显著。

表4－3考察了城市空气质量对企业员工流失的影响。其中*Reg*－1是控制了行业和年度效应的回归结果，*Reg*－2是控制了行业随年份变动效应以及省份随年份变动效应的回归结果，*Reg*－3是控制了公司和年度的双向固定效应的回归结果，而*Reg*－4是在*Reg*－3的基础上在控制变量中加入主要城市气温、湿度以及日照时长的回归结果。表4－3四列结果中*AQI*的估计系数均显著为负①，表明空气质量越差，企业员工流失率越高，这意味着企业员工的流动不仅受到企业经营和治理以及地区经济发展情况的作用，所处生活环境质量也是员工做出离职行为考量的因素之一。已有研究表明，空气污染会通过增加学校缺勤率（Currie et al.，2009）、降低一周工作时长（Hanna和Oliva，2015）以及提高居民移民倾向（Qin和Zhu，2018；Chen et al.，2017）等途径，最终导致人力资本的流失。而我们的结果发现，糟糕的空气质量会显著提高员工的离职行为，这为空气污染对劳动力供给的经济后果提供了一个新的视角。综上所述，本书提出的假说得到支持②。

模型（4－1）回归的控制变量中，城市人均GDP系数估计值显著为正表明当地经济增长越快，企业净员工流入越高。公司资产收益率*ROA*、企业规模的自然对数*Lnsize*和公司营业收入年增长率*Growth*的系数估计值均显著为正，这说明企业经营情况和成长性越好、企业规模越大，越容易进行人员扩张。*Lnage*系数估计值显著为负，表明新兴成长型企业伴随着更高的员工流入。

① 在*Reg*－4中，一方面在控制变量中加入更多的气候变量并未对*LnAQI_mean*的系数和稳健性产生较大影响，且气温、湿度以及日照时长变量的系数并未通过显著性检验，表明其可能并不是影响企业员工流动的关键变量；另一方面，国泰安数据库（CSMAR）所披露的气候数据仅包含全国主要城市样本，我们也无法精确地匹配到各个地级市。因此，我们仅在表4－3的控制变量中加入气温、湿度以及日照时长等气候变量作为辅助检验，若今后有更丰富的数据来源渠道，可考虑纳入更多的气候变量进行进一步考察。

② 第一，为了剔除宏观经济形势、产业政策、气象特征和公司运营本身带来的企业结构性人员调整行为，我们尽可能地控制了城市层面的人均GDP、人口密度、城市财政支出、城市年均房价、城市年均降雨量等经济和气象特征变量，以及公司经营和治理情况等企业治理变量。第二，为了进一步控制企业层面一些无法观测到的因素，我们给出了基于企业的静态面板双向固定效应的回归结果，即同时控制了公司固定效应和年度固定效应。第三，由于无法跟踪到企业每一位员工的入职和离职情况，我们所能观察到的仅仅是企业中在职员工人数发生的变化，其中必然同时包含着岗位创造与岗位破坏两种相反方向的共同作用，新增一部分员工的同时也会伴随着一部分员工的离职（Davis和Haltiwanger，1992；巫强和葛玉好，2014）。因此，即使我们对净员工流入的测度报以担心，想要准确度量空气质量对真实员工流入的影响，那么由于实际员工流入会比现有因变量净员工流入更大，结果是相应的β1系数估计值的绝对值会更大，代表地区空气污染对真实员工流入会产生更大的负向经济影响，换句话说，即使“净员工流入”是度量员工流动的相对间接指标，它也只会低估了空气污染对真实员工流入的负面效应。故综上所述，并不会影响本书的既有结论。

二、内生性：引入空气质量的工具变量

针对本书可能存在的内生性，即劳动力流动和空气质量之间可能是相互影响的这一问题，我们采用了二阶段工具变量法来尽可能识别空气质量与企业员工流动之间的因果关系。参考现有文献，我们选取气象学中的“逆温强度（Thermal Inversions）”作为空气质量的工具变量（Arceo et al.，2016；Chen et al.，2017）。由于工具变量的选取要满足相关性和排他性的特征：一方面，逆温强度会显著降低空气质量，气象学中一般认为正常情况下，大气温度随高度增加而降低，热气上升冷气下降，污染物可以在大气中进行垂直循环，但当逆温情况发生时，大气温度随高度增加而增加，污染物无法进行垂直循环，空气污染就会加重；而另一方面，逆温强度作为外生的气象变量，目前尚无证据表明其会通过影响空气环境以外的途径来影响企业员工流动。因此，本书使用逆温强度作为空气质量的工具变量是较为合理的。

构造逆温数据的具体步骤如下所述：

第一，逆温数据来自美国国家航空和宇宙航行局（NASA）[①]，数据包括每6个小时从110米到36000米42个垂直层的空气温度。定义如果地面上空第二层温度高于第一层的温度就存在逆温现象，否则不存在逆温现象。

第二，获取每个栅格（grid）一天4个时间点的地面上空第一层和第二层的温度，计算各层温度四个时间点的温度均值，得到第一、二层温度的日均值。

第三，计算每个城市层面的年度逆温，用第二层温度减去第一层温度，若为正则代表逆温强度，若为负则为正常情况，取值为0。

通过上述步骤，我们得到城市—年度层面的逆温强度数据，在与上市公司财务数据匹配后，我们总共获得了8221个公司—年度观测值。表4－4是两阶段工具变量的回归结果[②]，可以看到第一阶段的回归结果表示，逆温强度工具变量的估计系数在1%的水平上正向显著，说明当企业所在城市逆温强度增大时，空气质量确实会显著变差，故本书所构建的逆温强度工具变量与空气质量是高度相关的。且在只有一个工具变量的情况下，第一阶段F统计量大于10并在1%

① https：//disc. sci. gsfc. nasa. gov/uui/datasets/M2I6NPANA_V5. 12. 4/summary？keywords = %22MERRA－2%22%20M2I6NPANA&start = 1920－01－01&end = 2017－01－16.

② 以下所有回归中，若无特殊说明，均控制了公司和年度的双向固定效应，同时对标准误进行企业层面的聚类调整。

的显著性水平下显著。而将第一阶段 *LnAQI_mean* 的拟合值代入第二阶段回归后发现系数仍然显著为负，表明引入各城市年度逆温强度作为空气质量的工具变量后，我们进一步验证了空气污染会导致企业员工流失这一事实。

表 4－4　　　　两阶段工具变量回归

VARIABLES	第一阶段回归	第二阶段回归
	LnAQI_mean	*Job_Creation*
Thermal_Inversion	0.0227*** (0.006)	
LnAQI_mean		－0.2715* (0.151)
Ln_Per_GDP_Adj	－0.0214*** (0.008)	0.0082 (0.005)
Ln_Density	0.0705*** (0.006)	0.0203** (0.010)
Ln_Rainfall	－0.1131*** (0.007)	－0.0277 (0.018)
Ln_Fiscal	0.0612*** (0.005)	0.0140 (0.010)
Ln_Houseprice	－0.2153*** (0.010)	－0.0503 (0.033)
ROA	－0.0105 (0.099)	0.6327*** (0.063)
Lnsize	－0.0033 (0.003)	0.0222*** (0.002)
Growth	－0.0099 (0.012)	0.1357*** (0.009)
Lnage	－0.0012 (0.003)	－0.0241*** (0.002)

续表

VARIABLES	第一阶段回归	第二阶段回归
	LnAQI_mean	*Job_Creation*
Leverage	0.0325 ** (0.016)	0.0198 * (0.012)
Duality	0.0057 (0.006)	0.0002 (0.004)
Board	0.0024 ** (0.001)	0.0012 (0.001)
Outratio	-0.1325 * (0.077)	-0.1008 * (0.054)
*Top*1	-0.0128 (0.017)	-0.0222 * (0.012)
Ln_Per_Emplpay_Adj	-0.0024 (0.005)	-0.0434 *** (0.004)
Highedu_Ratio	0.0243 *** (0.008)	0.0531 *** (0.008)
HHI	0.1178 (0.159)	0.2922 ** (0.123)
Constant	5.5550 *** (0.109)	1.4255 (0.927)
CityBig4_Dummy	Yes	Yes
Fixed Effects	公司和年度	公司和年度
Observations	8221	8221
Adj. R^2	0.692	0.0592
F - statistics	15.28 ***	

注：本表引入各城市年度逆温强度作为空气质量的工具变量进行两阶段工具变量回归。为了节省空间，我们省略了年度、公司固定效应的回归结果。Adj. R^2 为调整后的 R^2。回归系数下面一行括号中为经过公司聚类（Cluster）修正后的标准误，***、** 和 * 分别表示估计系数在 1%、5% 和 10% 的显著性水平下显著。

三、空气质量与企业员工流失：基于企业内部员工特征和外部环境的异质性分析

下面我们将在表4-3的基础上从企业内部员工特征和外部环境这两个方面的异质性来进一步考察横截面的差异。具体来说，主要从员工人均薪酬、员工学历与行业竞争度这三个角度入手，来研究不同特征的员工和企业类型受空气质量的影响是否存在区别。

（一）员工人均薪酬

普通员工薪酬数据为剔除了董事、监事和高管年度报酬后的薪酬收入总和，按表4-1中的定义，计算出人均员工薪酬的自然对数。同时，为了剔除通货膨胀等因素的影响，本书利用省级层面的消费价格指数（CPI）将所有年份的人均员工薪酬平减到2014年的水平。再将其按行业和年度进行分组，若企业当年人均员工薪酬的自然对数高于或等于年度行业的中位数，则定义为员工人均薪酬较高的组，反之亦反。

表4-5的*Reg*-1是对模型（4-1）按照上述分组进行的回归结果。我们发现，空气污染会显著提升当地企业的员工流失这一效应，这仅仅体现在员工人均薪酬较低的组别中，而在员工人均薪酬较高组中系数并不显著，这反映出员工人均薪酬可能与空气质量存在替代效应。已有大量文献指出生活环境对人们职业选择的重要性（Power，1980；Myers，1987）。糟糕的空气质量会引发人们的情绪变化（Lepori，2009；郭永济和张谊浩，2016）以及降低工人的工作效率（Graff Zivin 和 Neidell，2012；Chang et al.，2016a；Chang et al.，2016b）。Deng 和 Gao（2013）通过对犯罪率、生活成本、失业率、教育系统、家庭收入、当地天气和基础设施等43个因素的综合考察，度量了美国各州的“生活品质”，认为良好的居住和工作环境带来的高生活质量可被视为是一种非货币收益，是对企业高管货币激励的一种强替代机制。对于总部所在州“生活品质”较差的企业，往往比那些总部坐落于更宜居地区的企业支付给CEO更高的货币薪酬。因此，我们认为企业员工也具有同样的激励，当企业所处地区空气污染严重时，员工需要更高的薪酬作为一种替代性的补偿（Roback，1982；Deng 和 Gao，2013）。人均薪酬较高的员工用高收入补偿了差的空气质量，即使工作环境较差，高薪酬的员工也不会轻易选择离职。相反，低薪酬员工对糟糕的工作环境

缺乏替代性的收入补偿，故空气污染会显著提升其离职倾向，造成企业的员工流失。

表 4－5　　空气质量与企业员工流失：企业内部员工特征和外部环境的异质性分析

	Reg－1	*Reg－2*	*Reg－3*
	Job_Creation	*Job_Creation_Edu_High*	*Job_Creation*
Panel A：	人均薪酬较高组	员工学历较高组	行业垄断程度较高组
LnAQI_mean	－0.0139 (0.034)	－0.0945 * (0.054)	－0.0059 (0.026)
Control Variables	Yes	Yes	Yes
Fixed Effects	公司和年度	公司和年度	公司和年度
Observations	7882	13954	7258
Adj－R－squared	0.079	0.064	0.161
Panel B：	人均薪酬较低组	员工学历较低组	行业竞争程度较高组
LnAQI_mean	－0.0457 ** (0.023)	－0.0532 (0.041)	－0.0619 ** (0.025)
Control Variables	Yes	Yes	Yes
Fixed Effects	公司和年度	公司和年度	公司和年度
Observations	6933	14466	7557
Adj－R－squared	0.13	0.115	0.167

注：本表基于不同的员工人均薪酬、员工学历与行业竞争度，分组考察了城市空气质量对企业净员工流入的影响。为了节省空间，我们省略了年度、公司固定效应以及控制变量的回归结果。Adj－R－squared 为调整后的 R^2。回归系数下面一行括号中为经过公司聚类（Cluster）修正后的标准误，***、** 和 * 分别表示估计系数在 1%、5% 和 10% 的显著性水平下显著。

（二）员工学历

由表 4－3 结果可知，空气污染会显著提升企业员工的流失率。对于该结果的可能性替代解释为空气污染较高的地区，企业可能受到政府节能减排的压力从而主动削减产能，关闭一些污染较高的产品线，从而裁减员工导致员工被动流失。由于我们所能观察到的仅仅是企业中在职员工人数发生的变化，无法跟踪到每一位离职员工流失的具体原因，因此难以区分企业员工受空气污染的影响究竟是“主动离职”亦或是“被动解雇”。但考虑到在企业中员工技能高低有所差异，高等教育或职业培训通常意味着员工具有更高的人力资源储备，故学历较高的员工往往传递出较高职业能力的信号。而企业在进行裁员时，平均而言会优先解雇那些低技能、低学历的容易被替代的员工。一方面，企业的雇佣选择会受到员工教育程度的影响；另一方面员工的教育特征差异也会对其自身行为产生偏差。因此，我们进一步对企业员工学历进行分类。参照赵春明和李宏兵（2014）的研究，我们将受过大专及以上学历的高等教育视为高学历员工，而把受过高中及以下教育视为低学历员工，考察员工学历差异对空气质量与员工流动的影响。与表4－1中净员工流入（*Job_Creation*）的定义类似，我们定义企业高学历员工的净员工流入（*Job_Creation_Edu_High*）为大专及以上学历在职员工的年增长率，数值等于Ln（当年高学历在职员工数/去年高学历在职员工数）；同理，定义企业低学历员工的净员工流入（*Job_Creation_Edu_Low*）为高中及以下学历在职员工的年增长率，数值等于Ln（当年低学历在职员工数/去年低学历在职员工数）。这样，我们就能在每家企业中更精确地识别出两类学历员工的变动情况，分组回归结果见表4－5的*Reg*－2。

由表4－5可知，当我们区分出每家企业高学历和低学历员工的净员工流入，并分别进行回归后结果发现，空气污染对降低当地企业高学历员工的净员工流入有较强影响，而对低学历员工并无显著影响，从而表明高学历员工对于空气污染具有更高的敏感性。表4－5中*Reg*－2的结果，一方面，在一定程度上明晰了本书的影响机制，排除了上述“被动解雇”的替代性解释，从而支持了空气污染造成员工流失是企业员工“主动离职”的选择结果；另一方面，通过实证证实了企业不同学历的员工离职行为受空气质量的影响确实存在差异。由于高等教育或职业培训通常被视为是人力资本形成和积累的主要途径，高学历员工因为具有较高的人力资本储备而在劳动力市场上拥有更强的竞争优势，当其面临的工作环境恶化时，他更容易做出暂时离职的选择。相反，对于企业的低学历员工，由于较低的人力资本储备增加了其在劳工市场上的就业难度，即使空气质量再差，他们可能也不会轻易选择离开当前企业。因此，对企业而言，空气污染不仅危害了员工的身体健康，更重要的是，它可能将导致企业的智力外溢和人才流失。

（三）行业竞争度

由于企业在行业中的地位也会影响其员工行为，我们考虑按中位数将行业竞争度分为高低两组，并分组考察基于不同行业集中度水平下空气质量如何影响企业的员工流失情况。其中，行业竞争度*HHI*等于该行业内所有企业的市场占有率（用销售额度量）的平方和，*HHI* 取值范围在 0 到 1 之间，取值越小代表行业竞争程度越激烈。若 *HHI* 高于等于中位数，则定义为该企业处于行业垄断程度较高组，反之亦反。分组回归结果如表 4－5 中 *Reg*－3 所示。

由表 4－5 可知，空气污染会增加企业员工流失这一效应仅仅体现在行业竞争程度高的企业，而在行业垄断程度较高的企业中并不显著。Faleye et al.（2013）认为员工的外部工作机会能提升雇主间的竞争程度以及雇员主动离职威胁的可信度，从而使得雇员的讨价还价能力增强。而行业集中度衡量了企业在行业中的地位，若行业垄断程度较高，则该行业中企业雇员的外部工作机会和他们的讨价还价能力都会随之减弱。因此，我们认为当行业竞争程度较高的时候，企业员工通常在该行业中有更多的外部工作机会，面对空气污染带来的危害，他们倾向于“用脚投票”寻求其他工作机会。相对地，当行业垄断程度较高时，即使面临糟糕的空气环境，由于缺乏讨价还价能力，雇员也不会轻易选择离职。

第五节　稳健性分析

表 4－5 中的基准实证结果证实了空气污染对企业员工流失会有显著的促进作用。为了进一步验证研究结果的可靠性，我们从以下几个方面进行稳健性检验。

一、调整因变量的回归结果

考虑到城市空气质量的变化不一定能反映在当期的企业员工流动上，因此我们取因变量净员工流入的未来一期值（*F*1. *Job_Creation*）进行主回归，回归结果见表 4－6 中 *Reg*－1[①]。另外，我们将因变量换为表 4－1 中所定义的是否有净员工流入的虚拟变量（*Job_Creation_Dummy*），即企业当年是否发生了员工流失的虚拟变量，若员工流失则取值为1，否则为0，然后对（4－1）式进行 Logit 回

① 我们也使用了滞后期的自变量 AQI，发现空气质量对企业员工流动仅存在一期的滞后效应。

归，回归结果见表4－6中 *Reg*－2。两者均显示，因变量调整后我们的结果仍然稳健。

表4－6　　　　稳健性检验：基于因变量调整后的回归结果

变　　量	F1. *Job_Creation*	*Job_Creation_Dummy*	*Net_Hire_Lack*
	Reg－1	*Reg*－2	*Reg*－3
LnAQI_mean	－0.0375** (0.016)	－0.2784** (0.124)	0.3762*** (0.134)
Control Variables	Yes	Yes	Yes
Fixed Effects	公司和年度	公司和年度	公司和年度
Observations	12465	14868	13485
Adj－R－squared/Pseudo R^2	0.086	0.109	0.055

注：本表是基于因变量调整后的稳健性检验，其中 *Reg*－1、*Reg*－2 和 *Reg*－3 分别为因变量取净员工流入的未来一期值、是否有净员工流入的虚拟变量以及劳动力是否雇佣不足的三组回归结果。为了节省空间，我们省略了年度、公司固定效应以及控制变量的回归结果。Adj－R－squared 为调整后的 R^2，Pesudo R^2 为 Logit 模型的 R^2。回归系数下面一行括号中为经过公司聚类（Cluster）修正后的标准误，***、**和*分别表示估计系数在1%、5%和10%的显著性水平下显著。

本书已经检验了空气污染会导致企业员工的流失，同时，我们试图考察空气污染是否会对企业员工的劳动投资效率产生影响。参照 Pinnuck 和 Lillis（2007）和 Jung et al.（2014）的研究，我们估算了公司正常的劳动力雇佣水平，然后将模型的残差作为超额劳动力雇佣水平的代理变量，即超额劳动力净雇佣＝实际雇佣量－预期雇佣量。依据中国的国情，中国企业对员工的雇佣会受到经济形势和企业性质的影响，因此在 Pinnuck 和 Lillis（2007）和 Jung et al.（2014）模型的基础上，我们在控制变量中加入了当年 GDP 的对数值以及企业是否为国有企业的虚拟变量。具体回归模型如（4－2）所示：

$$\begin{aligned} Net\_Hire_{it} = {} & \beta_0 + \beta_1 Sales\_growth_{it-1} + \beta_2 Sales\_growth_{it} + \beta_3 \Delta ROA_{it} + \\ & \beta_4 \Delta ROA_{it-1} + \beta_5 ROA_{it} + \beta_6 Return_{it} + \beta_7 Size\_R_{it-1} + \\ & \beta_8 Quick_{it-1} + \beta_9 \Delta Quick_{it-1} + \beta_{10} \Delta Quick_{it} + \beta_{11} Lev_{it-1} + \\ & \beta_{12} LOSSBIN1_{it-1} + \beta_{13} LOSSBIN2_{it-1} + \beta_{14} LOSSBIN3_{it-1} + \\ & \beta_{15} LOSSBIN4_{it-1} + \beta_{16} LOSSBIN5_{it-1} + \beta_{17} GDP_{it} + \beta_{18} SOE_{it} + \\ & IndustryFixedEffects + \varepsilon_{it} \end{aligned} \tag{4-2}$$

其中，因变量 *Net_Hire* 为企业雇佣员工人数的变化率；*Sales_growth* 为企业销售收入的变化率；*ROA* 为企业净收益除以年初总资产；*Return* 为企业在股票市场上的年回报率；*Size_R* 为企业年初总规模的百分位数；*Quick* 为企业现金、短期投资和应收账款之和与企业流动负债之比；*Lev* 为企业年初长期债务与总资产之比；*LOSSBIN* 指示变量按企业之前一年不同的亏损程度（*ROA* 在 0 至 -0.025 区间）以每 0.005 为间隔来定义虚拟变量（如若前一年企业的 *ROA* 在 -0.005 至 0 区间，则定义 *LOSSBIN*1 为 1；若前一年企业的 *ROA* 在 -0.010 至 -0.005 区间，则定义 *LOSSBIN*2 为 1，以此类推）；*GDP* 为企业所在城市的国内生产总值的自然对数；*SOE* 为企业是否为国有企业的虚拟变量，若企业属于国有企业则定义为 1，否则为 0。此外，在模型中引入行业虚拟变量来控制行业效应，行业分类根据证监会的行业分类标准得到。基于模型（4-2）的残差，我们将企业分为两种，若残差大于 0，则表明企业劳动力雇佣过度；若残差小于 0，则表明企业劳动力雇佣不足。

基于上述测度，我们进而定义企业是否存在雇佣不足现象的虚拟变量（*Net_Hire_Lack*），若残差小于 0，代表企业劳动力当年雇佣不足，则将其取值为 1，反之取值为 0。我们对模型（4-3）进行 Logit 回归，控制变量如表 4-1 所示，以考察空气污染是否会使企业的雇佣不足现象加剧。表 4-6 中 *Reg*-3 表明，空气质量指数的系数均显著为正，即空气污染越严重，企业的劳动力雇佣不足概率越高，这进一步支持了我们前文的结果，空气污染不仅会加剧企业员工流失，还会使企业雇员难度加大，导致劳动力雇佣不足。

$$Net\_Hire\_Lack_{it} = \beta_0 + \beta_1 AQI_{it} + \gamma Controls_{it} + \mu_{ind} + \mu_t + \varepsilon_{it} \tag{4-3}$$

二、空气质量指数的稳健性

（一）剔除部分样本年份

与先前的空气污染指数（API）相比，现行的空气质量指数（AQI）增加了细颗粒物（PM2.5）、臭氧（O_3）和一氧化碳（CO）三项污染物数据，由于各个地区在执行新的空气质量指数上存在时间上的差异，参照黎文靖和郑曼妮（2016）的样本截止时间，在稳健性检验中，我们剔除了 2014 年的 AQI 数据，以削弱空气质量指数衡量口径优化所带来的可能影响，回归结果依然稳健①。

① 限于篇幅，本书未报告该稳健性检验的结果，备索。

（二）空气质量的替代性变量

我们分别将当年城市日空气质量指数的中位数取对数和一年中空气质量为优（AQI≤50）的天数占比作为空气质量的其他测度进行稳健性检验。在表4－7中可以看到*LnAQI_median*的估计系数显著为负，而*AQI_Low_ratio*的估计系数显著为正，这两种空气质量替代性测度的回归结果均表明当空气质量改善程度越高时，企业员工流入将会显著增加。

表4－7　　　　稳健性检验：空气质量的替代性变量

VARIABLES	*Job_Creation*	
	Reg－1	*Reg*－2
LnAQI_median	－0.0342** (0.017)	
AQI_Low_ratio		0.0468** (0.021)
Control Variables	Yes	Yes
Fixed Effects	公司和年度	公司和年度
Observations	14815	14815
Adj. R^2	0.156	0.173

注：本表是基于空气质量的替代性变量回归结果。其中，*Reg*－1是将当年城市日空气质量指数的中位数取对数作为空气质量的代理变量的回归结果，*Reg*－2是将一年中空气质量为优（AQI＜＝50）的天数占比作为空气质量的代理变量的回归结果。Adj. R^2 为调整后的 R^2。回归系数下面一行括号中为经过公司聚类（Cluster）修正后的标准误，***、**和*分别表示估计系数在1%、5%和10%的显著性水平下显著。

（三）剔除AQI数据易造假区间

学术界对中国环保部公开的空气质量数据存在一些质疑，部分学者认为，官方会伪造和操纵空气质量数据（石庆玲等，2016）。由于在中国，环境因素也是中央政府对地方官员晋升考核的指标之一，糟糕的空气质量往往伴随着较低的官员晋升概率（黎文靖和郑曼妮，2016），而城市环境状况的改善有助于市长的升迁（Zheng et al.，2014）。为了激励地方政府治理空气污染，我国环境考核指标中包含了“蓝天指数”，即一年中空气污染指数（API）低于100的天数（Ghanem和Zhang，2014）。然而，Chen et al.（2012）、Ghanem和Zhang（2014）的研究却发现，中国城市层面的空气污染指数位于96—100的天数明显高于位于101—105的天数，若空气污染指数被过度扭曲则很可能被中央政府怀疑数据的真实性，而在100这个分界点上下进行调整，百姓和中央很难觉察到空气质量的微小差别。

为了排除人为数据伪造导致的虚假“蓝天”数据对本书结论的可能干扰，本书参照石庆玲等（2016）的做法，剔除掉更有激励进行数据造假的AQI区间。由于AQI等于100是环保部定义“蓝天”的“门槛”，而空气质量的造假又不能太偏离现实，因此处于临界点的数据造假更可能发生。本书分别对原始数据剔除AQI位于95—105、90—110、80—120的三个区间后，对模型（4-1）进行再回归，结果如表4-8所示。结果显示，剔除AQI数据易造假区间后的回归结果仍然是负显著的，因此，可以认为空气污染确实提升了企业的员工流失。

表4-8　稳健性检验：剔除AQI数据易造假区间的回归结果

变　量	*Job_Creation*		
	剔除AQI=[95,105]	剔除AQI=[90,110]	剔除AQI=[80,120]
	Reg-1	*Reg*-2	*Reg*-3
LnAQI_mean	0.0405** (0.017)	-0.0384** (0.016)	-0.0353** (0.014)
Control Variables	Yes	Yes	Yes
Fixed Effects	公司和年度	公司和年度	公司和年度
Observations	14815	14815	14815
Adj. R^2	0.156	0.156	0.156

注：本表是剔除AQI数据易造假区间后的稳健性检验，其中*Reg*-1、*Reg*-2和*Reg*-3为分别剔除AQI位于95—105、90—110、80—120的三个区间后的回归结果。为了节省空间，我们省略了年度、公司固定效应以及控制变量的回归结果。Adj-R^2为调整后的R^2。回归系数下面一行括号中为经过公司聚类（Cluster）修正后的标准误，***、**和*分别表示估计系数在1%、5%和10%的显著性水平下显著。

本章小结

本章研究了空气质量对我国企业员工流动的影响，为空气污染对人力资本的经济后果研究提供了额外的经验证据，并在此基础上深入探讨了这种影响机制在企业内部员工特征和外部环境相异的样本组中是否具有不同的表现。研究结果表明：空气污染会显著提升企业员工的流失率。为了解决空气质量与企业员工流动的反向因果偏误，本书基于气象学中逆温产生的自然原理构建了“逆温强度（Thermal Inversions）”作为空气质量的工具变量来缓解内生性问题，并发现了一致的结论。此外，我们发现企业员工流失主要体现在人均薪酬较低、员工学历较高以及行业竞争程度较高的企业组别之中。在稳健性检验中，我们还发现空气污染会导致企业员工流失的概率增大，同时使得企业劳动力雇佣不足的概率显著上升。

本章的实证结论对于中国空气污染的治理具有一定的参考意义，可为今后政府相关政策制定以及企业人才战略的实施提供借鉴：

第一，我国严峻的空气污染不仅严重危害到百姓的身体健康，更容易被人们所忽略的是，空气污染还会影响人们的工作地域选择，它会使企业员工离职增加以及造成人力资本流失，特别是高学历人才的外流。对企业来说，空气污染也会增加其雇佣难度，企业雇不到合意的人才，劳动力雇佣不足的概率显著上升，这对企业的长期发展非常不利。当前，我国正在加快实施创新驱动发展战略，打造经济增长新引擎、释放经济发展新活力，这些均离不开人才的支撑。我国多个省市目前已重视并加强了对“招才引智”工作的实施力度，将深入推进人才强省战略作为统领人才工作的一项重要举措。然而，政府部门在制定策略时往往忽视了对人才宜居环境，即所在地空气质量的考量，企业吸引人才不易，但留住人才更难。必须清醒地认识到，雾霾等空气污染的完全治理绝非一蹴而就，但从人力资本积累和企业的长效发展来看，政府必须要加快整治空气污染，坚持可持续发展理念，完善空气质量监测体系和考核指标，建立快捷高效的空气质量发布体系、预警机制及应急预案，以应对雾霾等重度空气污染；切实稳妥地淘汰落后产能，摒弃粗放式增长方式，对企业实行严格的污染排放标准，鼓励绿色技术创新，加快清洁能源发展。

第二，我们已经知道，改善空气污染带来的经济后果，不仅有益于居民健康，对企业的人力资本积累和可持续发展也有深远的意义。研究发现，空气质量作为一种非货币性收益，对于企业的货币薪酬而言具有一定的替代效应。因此，对企业来说，薪酬激励制度设计得当，能够激励员工在既有的工作条件下努力生产经营，提高公司价值；反观不当的薪酬激励制度设计，可能会恶化劳工关系，导致企业员工离职率的居高不下。因此，我们的研究结论有助于为企业进一步制定合理的薪酬激励政策提供理论和实证依据。另外，由于空气污染与净员工流入之间的负向效应主要体现在高学历员工和行业竞争程度较高的企业组别之中，因此，从企业的角度出发，那些拥有更多高学历员工、处于竞争性行业中的企业应更加关注空气质量这种非货币性因素对企业员工流动行为的影响，加强对员工权益的维护，防止智力外溢和高水平人才外流现象的发生。

第五章 高铁开通与企业审计收费的实证研究

第一节 问题的提出

中国高速铁路（High Speed Rail，HSR；简称高铁）技术经过十多年的跨越式发展，取得了举世瞩目的成就。中国高铁的飞速发展，不仅成为推动社会经济快速发展的巨大引擎，也成为维护国家安全的重要支撑。截至 2017 年年底，我国高铁总里程已突破 2.5 万千米，占世界高铁的 66.3%，按照最新发布的《中长期铁路网规划》，到 2025 年，我国高铁将达 3.8 万千米左右，届时全国铁路网将实现相邻大中城市间 1—4 小时交通圈。最低时速 250 千米的高铁大大缩短了人们的出行时间，“高铁衔接南北，天堑变通途”，地理上的时空距离得到了大幅收敛，作为一种低污染、高性能的新型运输方式，高铁使信息和人力资本在时空中的流动变得更为容易，给人们的生活方式带来了极大的变化。Friedman（2006）曾预言，随着信息基础设施和交通基础设施等的不断完善，世界会越来越平坦化，地理因素对人们生活带来的不便会日益下降。我国交通基础设施，特别是高铁建设的不断变革和完善，为克服新结构经济学中提出的信息、协调和外部性等问题，推动经济发展和产业结构升级提供了重要的制度保障。目前国内外部分学者已通过区域经济发展、产业聚集、企业资本配置、人才流动、股价崩盘风险（Giroud，2013；Donaldson 和 Hornbeck，2016；张克中和陶东杰，2016；赵静等，2018）等角度从宏观和微观层面探讨了高铁开通对经济活动带来的影响后果和作用机制。然而，目前很少有研究从其他市场参与者的视角来评估高铁开通事件的影响，考虑到审计师作为资本市场中的一个重要角色，作为具有较高时间价值的专业人士，其行为是否会受到高铁开通的影响，这一问题值得我们予以关注。因此，本书尝试从审计师的视角来分析高铁开通会如何影响企业的审计收费，进而丰富高铁的政策评估效果①。

高铁分地区分时间开通，为我们研究高铁对企业审计收费的影响提供了一个天然的准自然实验（赵静等，2018）。由于公司地址的地理选择具有一定的内生性，但高铁开通对不同地理位置的公司间时空距离的缩短却是外生性的事件，因此我们认为高铁开通这一事件可以较好地缓解公司选址中的内生性问题。虽然从2004年以来，我国铁道部与地方政府展开了投资合作，但是截至2008年，地方政府及其他社会投资者在与铁道部所签订项目总投资规模所占比重仅占20%左右②。考虑到高铁计划的发布先于地方政府融资，其路线布局并不会受到地方政府的影响，即认为高铁与地级市城市间的关系是相对外生的。而注册会计师审计作为一项独立性和专业性较强的经济监管活动，早期常常受限于强地域性的特点，人员流动在很大程度上受到地理距离和行政区域的限制，因此，我国证券审计市场的竞争并不是充分的，而是在地方保护主义的作用下严重分割（余玉苗，2001；杜兴强等，2011）。随着高铁这种便捷的交通方式的快速发展，一方面，人力资本在空间和时间上的流动变得更为容易，从而大大降低了审计师审计的时间和信息成本，审计师更容易进行实地调查并获取信息，有利于其降低对客户公司的审计收费，这定义为“信息成本效应”；另一方面，高铁开通促使企业“走进来”，本地市场的上市公司会暴露在更激烈的市场竞争环境之中，使企业间竞争程度加剧，引致的企业经营风险的上升会使审计师收取更高额的风险溢价，反而会升高对企业的审计收费，这定义为“经营风险效应”。因此，要充分理解高铁的开通对企业审计收费的影响需要综合考察上述两方面竞争性效应的作用，这自然地成了一个实证问题。

鉴于此，本书采用2005—2017年上市公司作为研究样本，将我国的高铁开通视为一项缩短时空距离的准自然实验，采用双重差分模型（DID）检验高铁开通对企业审计收费的影响。研究结果发现：第一，高铁开通会显著提升所在地上市公司的审计收费，动态DID结果表明，高铁开通对企业审计收费的提升效应会随时间逐渐减弱。第二，本书按照“最小路径树”的思想构造了高铁开通的工具变量来处理潜在的内生性问题，并发现一致结论。第三，从企业自身特

---

① 据我们所知，在高铁对审计师影响方面，仅有杜兴强等（2018）研究了公司所在城市开通高速列车的次数与公司聘请异地审计师的概率的关系，研究发现交通设施的改进抑制了审计师选择的“地缘偏好”。

② http：//www. npc. gov. cn/npc/xinwen/fztd/yfxz/2008 －12/01/content_1460468. htm.

征和企业所处的外部环境来看，高铁开通对企业审计收费的提升作用在国有企业、非“四大”会计师事务所审计的企业、市场化进程较慢的地区和产品市场垄断程度较高的行业中的公司表现更为显著。第四，机制探究结果表明，高铁提高了所在地企业的经营风险，从而带来了审计溢价，这验证了本书的“经营风险效应”。第五，使用模拟的高铁开通年份作为安慰剂检验进行检验，结果并不显著，进一步验证了高铁开通对审计收费带来的影响。

本书从公司审计收费的角度研究高铁的微观影响，主要的贡献体现在以下几个方面：

第一，已有文献主要从宏观和中观层面研究了高铁的经济效应，而从微观层面特别是对资本市场的影响研究仍非常有限。一方面，基础设施建设对经济发展具有重要意义，我国高铁的开通带来了区域经济与人力资源的交流与合作，加速了产业升级和转型，优化了资源配置，但高铁的开通对我国资本市场是否会产生影响以及产生何种影响，仍是悬而未决的问题；另一方面，审计师作为我国资本市场的重要参与主体之一，其对所服务的上市公司审计收费的合理性与恰当性对于资本市场的健康发展具有十分重要的意义。因此，我们认为研究我国高铁开通对企业审计定价有助于提供我国基础设施建设对资本市场影响的经验证据，对市场参与者及政策制定者都具有积极的参考作用。当前相关文献中仅杜兴强等（2018）研究了高铁开通对异地审计师选择的影响，尽管我们的研究话题有相似之处，但我们的研究结论并非冲突和对立。杜兴强等（2018）认为，高铁带来的地理易达性会使公司对异地审计师的审计收费显著降低，但是本书认为高铁在带来信息优势的同时，还会因为加剧所在地公司的市场竞争环境从而带来“经营风险效应”，我们所针对的研究对象并不仅限于外地审计师，而是从上市公司审计定价的角度出发，其中囊括了本地与外地审计师，虽然杜兴强等（2018）认为异地审计师收费会因为高铁开通的冲击下降，但总体审计师的审计费用情况并无明确经验证据。因此，本书的研究贡献是边际性的，我们从审计师收费的视角进一步丰富和补充了“高铁经济学”对资本市场的研究。

第二，Wang 等（2008）指出研究中国背景下的公司治理及会计和财务问题，必须运用“自上而下的路径”（Top – Down Approach），以制度环境作为最上层，流经中层市场环境，最终抵达下层的会计与财务问题研究。因此，想要研究我国注册会计师审计收费问题，审计师作为公司外部治理和监督的参与者之一，其治理工作的实现离不开上市公司所处的制度环境。在国家逐步开通高铁这一重要制度环境层面深究影响上市公司审计收费的影响因素，有助于完善相关理论研究框架和体系。而我国不同企业在自身特征和所处地区制度环境上的差异，也为本书检验高铁对微观审计行为的影响提供了天然场所。另外，本书利用高铁开通作为准自然实验，并按照“最小路径树”的思想（Faber，2014；张克中和陶东杰，2016）构造了高铁开通的工具变量，以减少高铁建设过程中的非随机问题，有助于缓解潜在的内生性。

第三，本书的研究结论具有一定的政策启示。本书的研究结果预计能为我国高铁建设对资本市场参与者的影响提供进一步的经验证据，一方面高铁的开通促进了信息环境的透明度，提高了审计师的信息优势，但另一方面也会增加企业的竞争程度和经营风险。本书对上市公司及政策制定者都具有重要的参考作用，这为评估我国高铁建设的微观政策效果提供了来自资本市场的直接经验证据，对学术界和监管部门深入理解上市公司审计这一重大经济课题具有重要的现实意义。

第二节 理论依据与研究假设

综合高铁研究相关文献，一方面，基于“信息成本效应”，我们认为高速铁路的开通会降低所在地上市公司的审计收费；另一方面，基于“经营风险效应”，我们认为高速铁路的开通会提升所在地上市公司的审计收费，具体分析如下。

一、信息成本效应

尽管现代通信技术和网络高度发达，可以从规范的企业财务数据和信息披露体系中远距离低成本地获取公司的“硬”信息，但对于难以用信息技术传递的、需要注册会计师通过实地调研或与管理层等交流才能获取的“软”信息（Soft Information）①，地理距离则仍是信息获取的障碍（Choi et al.，2012）。注册会计师审计作为独立性较强的经济监督活动，其工作高度依赖于实地调研和

① “软”信息是一种难以量化、非标准化的信息，从表述形式上，往往是“口述信息”，内容具有不确定性和主观性的特征，信息内容的认知和解读会因人而异；而从传递方式上，软信息更多地依赖人们面对面接触而非电话、视频、Email 的方式传播，在传播过程中，内容可能失真或漏损（刘江会和朱敏，2015；龙玉等，2017）。

信息获取，而高铁通车在很大程度上缩短了城市间的时空距离，提升了注册会计师与被审计企业之间进行面对面交流的便利性，这使得审计师更容易获得关于上市公司经营状况及未来发展的“软”信息，可以更详细了解企业当前的经营情况和未来计划等，而部分信息是不能反映在企业公开的财务报表等硬信息中，这有助于缓解他们之间的信息不对称，形成信息优势（Petersen 和 Rajan，2002；Loughran，2008）。

因此，高铁开通，加快了信息的流动与传播，缩短了公司与各个经济主体之间的时空距离，带来的交通便捷、时间成本节约和信息不对称下降，可以使审计师、投资者、分析师、媒体和供应商等多个经济主体更为频繁和便捷地对公司进行实地考察，获取非公开披露的公司私有信息，还能有助于更好地对现有信息进行分析处理，提高信息准确性和信息质量，从而提高工作效率。而审计师信息搜寻成本的下降，使当地会计师事务所的本地优势和企业对当地事务所的本地偏好（Local Bias）均大幅削弱，上市公司在选择会计事务所时将更少的考虑空间距离这一因素，审计所也将在全国范围内进行公平的业务竞争和市场化的定价模式，这样高铁开通有助于会计师事务所对高铁所在城市上市公司审计定价的降低。综上所述，基于信息成本效应，即高铁开通→信息成本下降→审计收费降低的分析路径，我们提出假说 1：

假说 1：相对于所在地无高铁开通的上市公司，高铁开通降低了所在地上市公司的审计收费。

二、经营风险效应

交通设施的改善有益于市场融合和促进贸易（张勋等，2018）。高速公路网能促进贸易的融合，降低了地区间的贸易壁垒和交易成本，导致城市聚集和一体化程度增强（Faber，2014）。类似的，高铁的开通同样能降低地区间的贸易成本并促进区域经济一体化程度和经济聚集效应（张克中和陶东杰，2016）。当企业所在市场因基础设施的改善而扩大，他们彼此之间的竞争会增强（Du 等，2013），交通基础设施的建设可以促进企业“走进来”，增加本地市场的竞争程度，压缩本地企业的市场份额（张勋等，2018）。因此，若城市开通了高铁，其中的上市公司会暴露在更激烈的市场竞争环境之中，使企业间竞争程度加剧。

一般来说，当上市公司面临的市场竞争越激烈，个股盈余波动、流动性风险和破产风险等越高，企业经营风险也越高（Irvine 和 Pontiff，2009）。上市公司的经营风险会增加审计师的审计风险和经营风险。一方面，企业管理者有动机在竞争环境中获取高额报酬和达到分析师盈余预期从而“粉饰”财务报表，故会计报表存在重大错报的可能性增强。为避免发表不恰当审计意见带来审计风险，审计师将会投入更多审计努力和扩大审计范围，并以审计定价的形式将这种提高的审计成本转移给客户公司；另一方面，即使审计师在审计业务中完全按照审计准则要求执行了所有审计步骤并提交不存在错报的审计报告后，有较高会计舞弊动机并遭受财务损失的公司客户也会对审计师提起诉讼并要求赔偿（邢立全和陈汉文，2013；张天舒和黄俊，2013），而审计师无法控制或消除此类经营风险，只能对高经营风险客户收取风险溢价即更高的审计收费作为补偿（Wang 和 Chui，2014）。Bell 等（2002）发现，客户的经营风险会显著影响审计投入的数量和质量，当审计师在审计高经营风险客户时会投入更多的审计工作，并为此收取更高的审计收费；张天舒和黄俊（2013）发现，2008 年金融危机下公司经营风险提高时，会计师事务所的审计收费增加，验证了审计收费存在风险溢价；黎文靖和郑陶陶（2018）也发现中国加入 WTO 后，关税削减导致的进口竞争对企业审计收费具有显著的正向影响。

综上所述，对于高铁开通这一外生事件，由于提升了企业间竞争程度进而增加了企业经营风险，考虑到对于高风险企业，由于执行审计的成本较高及面临诉讼的潜在可能性较大，注册会计师在承接审计任务时，会适当收取风险溢价，即审计收费会因此升高。因此，基于经营风险效应，即高铁开通→经营风险升高→审计收费增加的分析路径，我们提出竞争性的假说 2：

假说 2：相对于所在地无高铁开通的上市公司，高铁开通提高了所在地上市公司的审计收费。

第三节　数据来源及研究设计

一、样本选择和数据来源

本书选取 2005—2017 年中国沪深两市 A 股上市公司数据作为初始研究样

本，将高铁开通这一事件作为一项“准自然实验”来考察高铁开通对企业审计收费的影响。鉴于高铁开通的时间是渐进式的，不同企业所在城市开通高铁的时间并不相同，故本书参考赵静等（2018）的做法，采用多时点双重差分模型，根据上市公司注册所在地是否开通高铁将样本区分为实验组和控制组。本书的高铁数据源自我国铁道部运输局编著的《全国铁路旅客列车时刻表》，我们手工搜集整理了全国各地级市是否开通高铁和开通高铁的具体年份数据，并通过网络搜索获取各个城市民用机场的开通时间数据。上市公司财务和治理数据来源于国泰安经济金融数据库（CSMAR）和万德数据库（Wind），行业分类依据中国证监会2012年颁布的《上市公司行业分类指引》，其中制造业由于数量众多且内部差异较大，取前两位代码分类，其他行业取第一位代码分类。本书样本中剔除了金融保险类公司和数据缺失公司，同时，为消除极端值对研究结论的影响，我们对主要连续变量在1%和99%分位数上进行Winsorized处理。经过上述数据筛选过程，最终得到24367个公司一年度观测值。此外，为控制潜在的截面相关问题，本书的所有回归在公司层面上进行了聚类（Cluster）标准误修正。

二、模型设定与变量定义

考虑到公司所在城市开通高铁的时间是渐进式的，因此，研究中我们借鉴Chan等（2012）、褚剑和方军雄（2016）以及赵静等（2018）提出的多时点双重差分模型来检验高铁开通对企业审计收费的影响①：

$$LnAuditfee_{it} = \beta_0 + \beta_1 HSR_{it} + \beta_2 HSR\_Post_{it} + \gamma Controls_{it} + \sum Year + \sum Industry + \varepsilon_{it} \quad (5-1)$$

其中，下标 i 代表公司，t 代表年份。被解释变量为公司的审计收费（*LnAuditfee*），参照张天舒和黄俊（2013）、黎文靖和郑陶陶（2018），用上市公司当年境内审计收费的自然对数来衡量。解释变量 *HSR*，当上市公司注册所在地在样本期间经历了高铁开通，则该公司样本为实验组，取值为1，否则定义为控制

① 在模型（5-1）中，本书选取当期而非未来一期的公司审计收费作为因变量是基于如下考虑：本书参考张克中和陶东杰（2016），对高铁开通时间定义为若为上半年（6月30日前）开通，则视为 t 期开通，否则视 $t+1$ 期为开通年份。对于 t 期上半年开通高铁的地区企业来说，审计师在 $t+1$ 期期初审计公司年报时确认审计收费；而对于 t 期下半年开通高铁的地区企业来说，高铁开通年份视为 $t+1$ 期，相对应的，$t+1$ 期的审计收费由审计师在 $t+2$ 期期初审计公司年报时确认。因此，我们认为选取同期的公司审计收费，已能为审计师提供足够的反应时间预期到当年高铁开通事件对企业带来的风险和收益，并将信息包含在定价溢价中。

组取值为0；*HSR_Post*，上市公司注册所在地在高铁开通之后的年度为1，否则为0，对于控制组样本公司，由于其所在地一直未开通高铁，则控制组样本均取值为0。参照张克中和陶东杰（2016），若为上半年（6月30日前）开通高铁定义为当年开通，若是下半年开通高铁，定义为下一年为开通年份。在模型（5-1）中，*HSR*反映的是高铁开通所在地的上市公司与其他未开通高铁地区的公司审计收费的差异；*HSR_Post*反映的是高铁开通所在地的上市公司（实验组）在高铁开通前后审计收费的变化相比于其他上市公司（控制组）审计收费变化的差异，如果其回归系数β_2显著为正，则意味着高铁开通这一事件提升了审计师对企业的审计收费；反之，则表明高铁开通降低了企业的审计收费。

同时，借鉴国内外关于审计收费影响因素的已有文献（Simunic，1980；邢立全和陈汉文，2013；黎文靖和郑陶陶，2018），本书在模型中选取了以下控制变量：*Lnsize*为公司规模的自然对数；*Leverage*为公司资产负债率；*CATA*为公司流动资产比率；*Quick*为公司速动比率；*Growth*为公司成长性变量，定义为公司本年营业收入较上年营业收入的增长率；*ROA*为公司资产回报率；*PreLoss*为公司上年度是否发生亏损的虚拟变量；*INV*为公司存货与总资产的比率；*REC*为公司应收账款与总资产的比率；*SOE*为公司股权性质的虚拟变量；*BIG4*为国际“四大”会计师事务所审计虚拟变量；*Opinion*为审计意见的虚拟变量；*Change*为审计公司的会计师事务所是否发生变更的虚拟变量；*AirPost*为虚拟变量，定义为上市公司注册所在地在飞机开通之后的年度为1，否则为0。此外，模型中还加入行业和年度的虚拟变量对行业和年度固定效应加以控制，用以排除公司的任何不可观测的行业不变效应以及时间趋势。具体变量定义参见表5-1。

表5-1　变量定义

变量名	变量定义
LnAuditfee	审计收费，上市公司当年境内审计收费的自然对数
HSR	当上市公司注册所在地在样本期间经历了高铁开通，则该公司样本为实验组，取值为1，否则定义为控制组取值为0
HSR_Post	上市公司注册所在地在高铁开通之后的年度为1，否则为0。参照张克中和陶东杰（2016），若为上半年（6月30日前）开通高铁定义为当年开通，若是下半年开通高铁，定义为下一年为开通年份

续表

变量名	变量定义
Lnsize	公司总资产的自然对数
Leverage	公司资产负债率，总负债/总资产
CATA	公司流动资产比率，流动资产/总资产
Quick	公司速动资产比率，（流动资产 - 存货）/流动负债
Growth	公司成长性，用公司本年营业收入较上年营业收入的增长率来衡量
ROA	公司资产回报率，净利润/总资产
PreLoss	虚拟变量，若公司上年发生亏损则取值为1，否则为0
INV	存货/总资产
REC	应收账款/总资产
SOE	公司股权性质的虚拟变量，若为国有企业取值为1，否则为0
BIG4	虚拟变量，若当期对公司提供审计服务的会计师事务所为国际“四大”会计师事务所则取值为1，否则为0
Opinion	虚拟变量，若当期对公司的审计意见类型为标准无保留审计意见则取值为1，否则为0
Change	虚拟变量，若公司当期发生审计师变更，则取值为1，否则为0
AirPost	上市公司注册所在地在飞机开通之后的年度为1，否则为0
Market_High	公司所处省份市场化指数高于年度行业的样本中位数，则取值为1，否则为0
HHI_High	以公司销售收入计算的赫芬达尔指数，若高于年度行业的样本中位数，则取值为1，否则为0
Std_CFO	上市公司经行业调整后的经营活动现金流占总资产的比重在5年内（$t-2$ 年至 $t+2$ 年）的标准差，其中经行业调整后的经营活动现金流占总资产比重 = 公司当年CFO/总资产 - 当年该公司所处行业内所有公司CFO/总资产的平均值
Std_Return	上市公司经行业调整后的股票回报率在5年内（$t-2$ 年至 $t+2$ 年）的标准差，其中经行业调整后的股票回报率 = 公司当年股票回报率 - 当年该公司所处行业内所有公司股票回报率的平均值。

三、描述性统计分析

表5-2列示了书中主要变量的描述性统计结果。Panel A中我们发现，审计

收费 *LnAuditfee* 的均值为 13.4365，*HSR*、*HSR_Post* 的均值分别为 0.9038 和 0.5895，表明 2017 年末大约有 90% 的公司所在城市开通了高铁，59% 的样本为高铁开通之后的公司一年度样本。Panel B 列示了主要变量的 Pearson 相关系数，可以发现 *HSR_Post* 与 *LnAuditfee* 在 1% 的水平下显著正相关，表明在不考虑其他因素的影响下，高铁的开通会提高企业的审计收费，这与本书的假说 2 预期一致。以上结果初步表明了高铁开通会推动企业审计收费的提升，后面的研究会加入一系列控制变量进行深入的探讨。

表 5-2 Panel A 主要变量描述性统计（样本期：2005—2017 年）

变量	观测值	均值	标准差	最小值	中位数	最大值
LnAuditfee	24367	13.4365	0.6557	9.2103	13.3047	18.1430
HSR	24367	0.9038	0.2949	0.0000	1.0000	1.0000
HSR_Post	24367	0.5895	0.4919	0.0000	1.0000	1.0000
Lnsize	24367	21.8659	1.1347	19.9200	21.7642	24.0998
Leverage	24367	0.4600	0.2067	0.1121	0.4618	0.8231
CATA	24367	0.5522	0.2033	0.1813	0.5619	0.8903
Quick	24367	1.5007	1.4087	0.2748	0.9962	5.8956
Growth	24367	0.1624	0.3054	-0.3341	0.1166	0.9703
ROA	24367	0.0355	0.0450	-0.0770	0.0332	0.1204
PreLoss	24367	0.1046	0.3060	0.0000	0.0000	1.0000
INV	24367	0.1514	0.1241	0.0050	0.1207	0.4702
REC	24367	0.1059	0.0920	0.0028	0.0833	0.3276
SOE	24367	0.4423	0.4967	0.0000	0.0000	1.0000
BIG4	24367	0.0498	0.2175	0.0000	0.0000	1.0000
Opinion	24367	0.9484	0.2212	0.0000	1.0000	1.0000
Change	24367	0.6570	0.4747	0.0000	1.0000	1.0000
AirPost	24367	0.7908	0.4068	0.0000	1.0000	1.0000

续表

Panel B 主要变量的 Pearson 相关系数检验

	LnAuditfee	*HSR*	*HSR_Post*	*Lnsize*	*Leverage*	*CATA*	*Quick*	*Growth*	*ROA*	*PreLoss*	*INV*	*REC*	*SOE*	*BIG4*	*Opinion*	*Change*	*AirPost*
LnAuditfee	1																
HSR	0.0859*	1															
HSR_Post	0.3432*	0.3072*	1														
Lnsize	0.7004*	0.0284*	0.2534*	1													
Leverage	0.1922*	0.0055	-0.1074*	0.3132*	1												
CATA	-0.0412*	0.0854*	0.1097*	-0.1229*	-0.0702*	1											
Quick	-0.1491*	0.0168*	0.1664*	-0.2643*	-0.7282*	0.3422*	1										
Growth	0.0370*	0.0115	-0.0097	0.0826*	0.0137	0.0648*	-0.0145*	1									
ROA	0.0584*	0.0088	0.0674*	0.0702*	-0.4216*	0.1366*	0.3212*	0.2837*	1								
PreLoss	-0.0651*	-0.0258*	-0.0550*	-0.1345*	0.1991*	-0.0857*	-0.1195*	-0.0493*	-0.2596*	1							
INV	0.0419*	0.0309*	-0.0309*	0.0956*	0.2746*	0.5015*	-0.2857*	0.0412*	-0.0775*	-0.0339*	1						
REC	-0.0962*	0.0571*	0.0146*	-0.2207*	0.0174*	0.3795*	0.0715*	0.0238*	-0.0755*	0.0208*	-0.0434*	1					
SOE	0.0124	-0.0210*	-0.1796*	0.2192*	0.2168*	-0.1917*	-0.2521*	-0.0462*	-0.1009*	0.0202*	0.0269*	-0.1444*	1				
BIG4	0.3565*	0.0604*	0.0108	0.2927*	0.0516*	-0.0961*	-0.0765*	-0.0014	0.0599*	-0.0397*	-0.0203*	-0.0845*	0.1119*	1			
Opinion	0.0973*	0.0219*	0.1052*	0.1907*	-0.2320*	0.0410*	0.1110*	0.1326*	0.3110*	-0.2787*	0.0664*	-0.0779*	0.0334*	0.0390*	1		
Change	-0.0552*	-0.0037	-0.0370*	-0.0426*	-0.0203*	0.0314*	0.0414*	0.0138	0.0009	0.0088	-0.0017	-0.0012	-0.013	-0.0071	0.0103	1	
AirPost	0.1065*	0.1953*	0.2264*	0.0708*	0.0156*	0.0598*	0.0369*	-0.0054	0.0068	-0.0116	-0.0190*	0.0348*	-0.0006	0.0470*	-0.0052	-0.0193*	1

注：* 表示在 1% 的显著性水平下显著。

第四节 实证检验与分析

一、高铁开通与企业审计收费

本书首先依据模型（5－1）考察了高铁开通对审计收费的影响，回归结果见表5－3的第（1）栏，结果表明在控制行业和年度固定效应后，*HSR_Post* 的回归系数为0.028，在5%的显著性水平下显著为正。这表明相对于所在地没有开通高铁的上市公司而言，所在地开通了高铁的上市公司的审计收费在高铁开通后显著上升，这验证了我们的假说2。

应当注意，使用模型（5－1）的双重差分模型进行估计的一个重要假设是处理组与控制组样本在高铁开通前具有平行趋势，即若没有处理效应，审计收费在处理组和控制组样本中的波动趋势应是相似的。因此，为了进一步确保本书结果的有效性，本书参照 Cornaggia 等（2015），采用动态 DID 的方法进行平行趋势检验并考察分年度的动态政策效应，回归模型见模型（5－2）：

$$LnAuditfee_{it} = \beta_0 + \beta_1 HSR_{it} + \beta_2 Before2_{it} + \beta_3 Before1_{it} + \beta_4 Current_{it} + \beta_5 After1_{it} + \beta_6 After2_{it} + \beta_7 After3\_{it} + \gamma Controls_{it} + \sum Year + \sum Industry + \varepsilon_{it} \quad (5-2)$$

具体来说，在模型（5－2）中，我们将 *HSR_Post* 变量剔除，变更为多个分年度的时间虚拟变量。其中，*Current* 为上市公司所在地高铁开通当年的时间虚拟变量；*Before*1 和 *Before*2 分别为上市公司所在地高铁开通前第一年和开通前第二年的时间虚拟变量，*After*1、*After*2 和 *After*3_分别为上市公司所在地高铁开通后第一年、第二年和第三年及三年后的时间虚拟变量。所得到的回归结果如表5－3的列（2）所示，可以发现，*Before*1 和 *Before*2 虽然系数为正，但均未通过显著性检验，这意味着在高铁开通之前，实验组和控制组的企业审计收费是具有平行趋势的。而 *Current*、*After*1、*After*2 的回归系数均显著为正，这表明高铁开通之后当年、第一年和第二年内，审计师对有高铁开通地区的企业的审计定价显著高于没有高铁开通地区的企业。*After*3_的系数不再显著，这表明从长期来看，高铁开通对企业审计收费的提升效应会随时间逐渐减弱。

表 5-3　　高铁开通与企业审计收费

变量	（1）DID	（2）动态 DID
	LnAuditfee	*LnAuditfee*
HSR	0.101*** (0.023)	0.095*** (0.026)
HSR_Post	0.028** (0.014)	
*Before*2		0.015 (0.011)
*Before*1		0.007 (0.014)
Current		0.034** (0.016)
*After*1		0.030* (0.018)
*After*2		0.036* (0.020)
*After*3_		0.035 (0.026)
Lnsize	0.361*** (0.008)	0.361*** (0.008)
Leverage	0.022 (0.050)	0.022 (0.050)
CATA	0.010 (0.050)	0.010 (0.050)
Quick	-0.018*** (0.007)	-0.018*** (0.007)
Growth	-0.037*** (0.011)	-0.037*** (0.011)
ROA	0.069 (0.116)	0.068 (0.116)

续表

变量	（1）DID	（2）动态 DID
	LnAuditfee	*LnAuditfee*
PreLoss	0.060*** (0.011)	0.060*** (0.011)
INV	-0.022 (0.075)	-0.022 (0.075)
REC	0.275*** (0.079)	0.274*** (0.079)
SOE	-0.122*** (0.015)	-0.122*** (0.015)
BIG4	0.734*** (0.051)	0.734*** (0.051)
Opinion	-0.111*** (0.021)	-0.111*** (0.021)
Change	-0.017*** (0.005)	-0.017*** (0.005)
AirPost	0.026* (0.015)	0.025* (0.015)
Constant	5.469*** (0.172)	5.704*** (0.180)
Industry FE	YES	YES
Year FE	YES	YES
Obs	24367	24367
$R^2.Adj$	0.596	0.596

注：回归系数下面一行括号中为经过公司聚类（Cluster）修正后的标准误，***、**和*分别表示估计系数在1%、5%和10%的显著性水平下显著。

二、内生性：引入高铁开通的工具变量

现有关于高铁开通的研究通常将其视为准自然实验而忽略其潜在的内生性问题。尽管我们认为高铁开通对于沿途地市级来说是相对外生的，但早期的高

铁都是在现有的铁路干线上升级改造而成，受当地经济因素或者城市重要程度的影响，铁路干线沿途站点的选择可能是非随机的。因此，若高铁开通并非完全外生的，本书试图使用工具变量法来缓解高铁开通带来的内生性问题。

借鉴 Faber（2014）用“最小路径树”的思想构造高速公路工具变量的原理，即将中心城市用直线连接，利用“是否位于连接中心城市的直线上”作为“接入高速公路”的工具变量，本书类似地构造了高铁开通的工具变量。原理如下：第一，相关性。我国高铁的规划目标是构建“四横四纵”、以特大城市为中心覆盖全国、以省会城市为支点覆盖周边的高速铁路网络，而现实中公司所在地是否开通高铁，与该地级市的地理位置是否处于高铁网络中心城市的直线上（理论上是否开通高铁）高度相关。第二，排他性。某地级市的地理位置是否位于连接中心城市的直线上完全由历史的地理区位决定，而与近期当地企业的审计定价并不相关，因此是完全外生的因素。

在上述理论基础上，我们仿照张克中和陶东杰（2016），按以下步骤构造高铁开通的工具变量（*IV_HSR*）：第一，参照 Cheng 等（2015）绘制的中国高铁线路计划中“四横四纵”的网络，识别出已建成路线经过的中心节点城市，包括直辖市、省会和副省级城市，并利用百度地图的测量工具将这些中心节点城市按照高铁网络的布局用直线连接起来。第二，测量每个地级市的市政府与上述直线段的垂直距离，若该垂直距离小于或等于 50 千米，则认为该地级市位于直线段上，即为“理论上”应开通高铁的城市，否则为不开通高铁的城市。第三，记录每一条直线段对应的实际的高铁开通年份作为基准年份，对于位于直线段上的地级市中的上市公司 i，定义为实验组（*IV_HSR* = 1），且实验组样本对应的年份 t 大于基准年份，则定义 *IV_HSR_Post* = 1。

利用前文构造出来的工具变量 *IV_HSR* 和 *IV_HSR_Post*，我们使用两阶段工具变量法进行估计。表 5 – 4 中的列（1）和列（2）是第一阶段回归的估计结果，可以看到 *IV_HSR* 与 *IV_HSR_Post* 的回归系数均在 1% 的显著性水平下正显著，表明“理论上”开通高铁的上市公司所在地与现实中实际开通高铁的上市公司所在地是高度相关的，意味着我们依据“最小路径树”的思想构造的工具变量是有效的。且在只有一个工具变量的情况下，第一阶段 F 统计量远大于 10，弱工具变量检验 Cragg – Donald 统计量也远大于 10% 偏误下的临界值 7.03，即拒绝了弱工具变量的假设。将第一阶段 *IV_HSR* 和 *IV_HSR_Post* 的拟合值代入第二阶段回归后发现 *HSR_Post* 的系数为 0.043，在 10% 的水平下显著为正，与表 5 – 3

的结果一致，说明在引入“是否位于连接中心城市的直线上”作为“高铁开通”的工具变量后，我们进一步证实了高铁开通会显著提升所在地上市公司的审计收费。

表 5-4 工具变量回归

VARIABLES	第一阶段回归		第二阶段回归
	（1）*HSR*	（2）*HSR_Post*	（3）*LnAuditfee*
IV_HSR	0.145*** (0.015)		
IV_HSR_Post		0.340*** (0.010)	
HSR		0.433*** (0.011)	0.275*** (0.040)
HSR_Post	0.323*** (0.015)		0.043* (0.025)
Lnsize	0.003 (0.005)	-0.003 (0.003)	0.395*** (0.004)
Leverage	-0.039 (0.035)	0.034 (0.022)	-0.028 (0.025)
CATA	0.028 (0.032)	-0.001 (0.023)	-0.034 (0.026)
Quick	-0.007* (0.004)	0.008** (0.003)	-0.021*** (0.004)
Growth	0.000 (0.005)	0.012** (0.006)	-0.054*** (0.010)
ROA	-0.182** (0.081)	-0.048 (0.061)	0.208*** (0.073)
PreLoss	0.003 (0.007)	-0.003 (0.006)	0.070*** (0.010)
INV	-0.008 (0.046)	-0.030 (0.035)	-0.033 (0.037)

续表

VARIABLES	第一阶段回归		第二阶段回归
	（1）*HSR*	（2）*HSR_Post*	（3）*LnAuditfee*
REC	0.011 (0.051)	0.016 (0.036)	0.266*** (0.039)
SOE	−0.015 (0.011)	0.015** (0.006)	−0.115*** (0.006)
BIG4	0.026*** (0.007)	−0.021*** (0.005)	0.143*** (0.006)
Opinion	0.020 (0.015)	−0.003 (0.012)	−0.137*** (0.014)
Change	0.004 (0.003)	−0.007** (0.003)	−0.018*** (0.006)
AirPost	0.036** (0.015)	0.065*** (0.009)	0.018** (0.007)
Constant	0.405*** (0.097)	−0.364*** (0.063)	4.798*** (0.084)
Industry FE	YES	YES	YES
Year FE	YES	YES	YES
Cragg − Donald Wald F 统计量	884.631		
Kleibergen − Paap rk Wald F 统计量	425.222		
10% maximal IV relative bias	7.03		
Obs	26189	26189	24367
R^2.*Adj*	0.309	0.697	0.551

注：回归系数下面一行括号中为经过公司聚类（Cluster）修正后的标准误，***、** 和 * 分别表示估计系数在 1%、5% 和 10% 的显著性水平下显著。

第五节 扩展性分析与影响机制检验

一、高铁开通、企业特征与审计收费

我们试图从企业特征的角度考察不同类型企业对高铁开通与企业审计收费关系的潜在影响。表5－5的Panel A将企业按产权性质区分为非国有企业和国有企业两组，结果显示：在国有企业的组别中*HSR_Post*的系数为0.045，且在5%的显著性水平上显著，表明随着高铁的开通对于当地国有企业审计收费的提升作用更为明显。已有研究发现，我国的国有企业面临着预算软约束（林毅夫和李志赟，2004），在获取银行贷款和陷入财务困境时更容易得到政府的帮助和支持（Faccio et al.，2006），故国有企业在政府"支持之手"的庇护下，较少受到竞争环境的负面影响。相反，非国有企业由于在资源占有和行业准入等方面都存在天然劣势，政府对其扶持的力度较小，因此面临着更为严峻的竞争环境。若城市开通了高铁，由于企业间竞争程度加剧（Du et al.，2013；张勋等，2018），之前面临竞争压力更小的国有企业会更容易受到激烈的市场竞争环境的冲击，故高铁开通对国有企业的审计收费的提升会更显著。

由于大型和小型的会计师事务所抵御风险的能力存在差别（黎文靖和郑陶陶，2018），本书使用对公司进行审计的会计师事务所的规模来衡量其抗风险能力。表5－5的Panel B根据对公司提供审计服务的会计师事务所的规模区分为是否为国际"四大"会计师事务所，考察不同规模的会计师事务所在面临高铁开通的冲击下，对企业审计收费的影响是否存在差异。结果显示：当企业被非"四大"会计师事务所审计时，*HSR_Post*的系数在1%的显著性水平下正显著，而被"四大"会计师事务所审计时，*HSR_Post*的系数并未通过显著性检验。由于非"四大"会计师事务所抵御风险的能力相对较差，考虑高铁通车后，企业面临较大的生存压力和经营风险，非"四大"会计师事务所的注册会计师在承接审计任务时，会适当收取更高的审计收费，故表现为高铁开通对被非"四大"会计师事务所审计的公司的审计定价提升会更显著。

表 5－5　高铁开通与企业审计收费的影响在不同企业特征中的异质性

VARIABLES	*LnAuditfee*	
	(1)	(2)
Panel A：*Non SOE vs. SOE*		
	NonSOE	*SOE*
HSR	0.078*** (0.030)	0.125*** (0.034)
HSR_ Post	0.010 (0.017)	0.045** (0.023)
Control Variables	Yes	Yes
Industry FE	Yes	Yes
Year FE	Yes	Yes
Obs	13590	10777
R^2. *Adj*	0.585	0.613
Panel B：*Non BIG4 vs. BIG4*		
	Non BIG4	*BIG4*
HSR	0.108*** (0.010)	－0.115 (0.163)
HSR_ Post	0.021*** (0.008)	0.095 (0.063)
Control Variables	Yes	Yes
Industry FE	Yes	Yes
Year FE	Yes	Yes
Obs	23154	1213
R^2. *Adj*	0.536	0.531

注：回归系数下面一行括号中为经过公司聚类（Cluster）修正后的标准误，***、** 和 * 分别表示估计系数在 1%、5% 和 10% 的显著性水平下显著。

二、高铁开通、企业外部环境与审计收费

在我国，由于地理、历史、资源禀赋、区域经济政策和政策实施效果的不同，以及我国在推进市场化改革中所采取的区域非均衡性策略，导致我国地区

间的市场化程度差异较大（樊纲等，2010）。在某些省份，尤其是沿海省份，市场化进程已经有显著性提高，取得了决定性进展。然而，在另外一些省份，尤其是内陆省份，在经济发展过程中非市场因素扮演着非常重要的角色（孙铮等，2005）。相较于市场化进程较快的地区，那些市场化进程较慢地区的经济发展水平、要素市场发育水平、法治化水平一般都比较低，而政府的干预程度较高（雷光勇和刘慧龙，2007）、资源配置效率较低（方军雄，2006）、缺乏健全的投资者法律保护（李增泉等，2004）。因此，对于市场化程度较低的地区而言，企业面临的外部市场环境较弱，此时高铁开通引致的激烈竞争对企业审计定价的冲击会更大。表 5－6 的 Panel A 根据样本中位数将樊纲市场化指数分为了高低两组[①]，结果显示 *HSR_Post* 仅在市场化程度较低的组别中显著为正，且通过组间差异系数检验，表明高铁开通对企业审计收费的影响在不同市场化进程地区的公司中存在显著差异。

表 5－6　高铁开通与企业审计收费的影响在不同企业外部环境中的异质性

VARIABLES	*LnAuditfee*	
	(1)	(2)
Panel A：*Low Market Index vs. High Market Index*		
	Low	*High*
HSR	0.080*** (0.012)	0.034* (0.019)
HSR_Post	0.025** (0.011)	0.005 (0.013)
Control Variables	Yes	Yes
Industry FE	Yes	Yes
Year FE	Yes	Yes
Obs	13291	11076
R^2. *Adj*	0.606	0.607

① 具体而言，我们的数据来自《中国市场化指数——各地区市场化相对进程 2009 年报告》中的市场化相对进程得分（樊纲等，2010），由于报告中的数据只更新到了 2009 年，且外部环境的情况相对比较稳定，因此 2009 年之后的数据用 2009 年的进行替代。虽然，在《中国分省份市场化指数报告（2016）》中已经将指数更新到了 2014 年，但是该书中的数据是以 2008 年为基期所计算的得分，与 2009 年的报告中的基准并不一致，故与已有研究一致，本书还是使用原来的指数进行分组回归。

续表

VARIABLES	*LnAuditfee*	
	（1）	（2）
Panel B：*Low HHI vs. High HHI*		
	Low HHI	*High HHI*
HSR	0.127*** （0.028）	0.070* （0.038）
HSR_Post	0.005 （0.018）	0.051** （0.021）
Control Variables	Yes	Yes
Industry FE	Yes	Yes
Year FE	Yes	Yes
Obs	13267	11100
$R^2.Adj$	0.589	0.600

注：回归系数下面一行括号中为经过公司聚类（Cluster）修正后的标准误，***、** 和 * 分别表示估计系数在1%、5%和10%的显著性水平下显著。

由于企业在行业中的地位也会影响其财务行为，我们考虑按样本中位数将行业竞争度分为高低两组，并分组考察基于不同行业集中度水平下高铁开通如何影响企业的审计收费。其中行业竞争度 *HHI* 等于该行业内所有企业的市场占有率（用销售额度量）的平方和，*HHI* 取值范围在 0 到 1 之间，取值越小代表行业竞争程度越激烈。若 *HHI* 高于等于行业年度中位数，则定义为该企业处于行业垄断程度较高组，反之亦反。分组回归结果如表 5－6 的 Panel B 所示。结果表明，*HSR_Post* 仅在行业垄断程度较高的组别中显著为正，且同样通过组间差异系数检验，这意味着高铁的开通由于加剧了企业间的竞争程度，对于那些之前面临竞争压力更小的垄断行业企业更容易受到激烈的市场竞争环境的冲击，故在市场集中度高的行业中，高铁开通会促进审计收费增加。

三、高铁开通与企业审计收费：影响机制

基于前文的分析，由于当企业所在市场因基础设施的改善而扩大，他们彼

此之间的竞争会增强（Du et al.，2013），交通基础设施可以促进企业“走进来”，增加本地市场的竞争程度，压缩本地企业的市场份额（张勋等，2018）。因此，若城市开通了高铁，其中的上市公司会暴露在更激烈的市场竞争环境之中，使得企业间竞争程度加剧。经营风险假说认为竞争的加剧增加了经营风险，使审计师面临的审计风险与诉讼风险增加，促使审计收费递增。由于表5－3和表5－4的回归结果均支持经营风险理论，我们进一步参考赵静等（2018）加入交互项的做法检验高铁开通对企业审计费用在不同经营风险环境下的异质性。因此，本节运用模型（5－3）对企业经营风险这个影响机制进行了检验，检验结果如表5－7所示。

$$\begin{aligned} LnAuditfee_{it} = {} & \beta_0 + \beta_1 HSR_{it} + \beta_2 HSR\_Post_{it} + \beta_3 HSR_{it} \times Risk_{it} + \\ & \beta_4 HSR\_Post_{it} \times Risk_{it} + \gamma Controls_{it} + \\ & \sum Year + \sum Industry + \varepsilon_{it} \end{aligned} \tag{5-3}$$

表5－7　影响机制：高铁开通与企业经营风险

VARIABLES	*LnAuditfee*	
	（1）	（2）
HSR	0.132*** （0.014）	0.077*** （0.021）
HSR_Post	0.021* （0.011）	0.010 （0.016）
Std_ROA[－2,2]	0.048 （0.089）	
HSR × *Std_ROA*[－2,2]	－0.053 （0.089）	
HSR_Post × *Std_ROA*[－2,2]	0.026** （0.012）	
Std_Return[－2,2]		－0.016 （0.020）
HSR × *Std_Return*[－2,2]		0.044** （0.021）

续表

VARIABLES	*LnAuditfee*	
	(1)	(2)
HSR_Post × *Std_Return*[-2,2]		0.040** (0.019)
Lnsize	0.362*** (0.004)	0.360*** (0.004)
Leverage	0.046* (0.027)	-0.009 (0.027)
CATA	0.025 (0.029)	0.069** (0.030)
Quick	-0.018*** (0.005)	-0.022*** (0.004)
Growth	-0.044*** (0.011)	-0.059*** (0.011)
ROA	0.105 (0.084)	0.083 (0.082)
PreLoss	0.057*** (0.010)	0.070*** (0.011)
INV	-0.078* (0.042)	-0.066 (0.042)
REC	0.278*** (0.047)	0.240*** (0.046)
SOE	-0.128*** (0.007)	-0.107*** (0.007)
BIG4	0.729*** (0.015)	0.750*** (0.024)
Opinion	-0.107*** (0.015)	-0.093*** (0.014)

续表

VARIABLES	*LnAuditfee*	
	(1)	(2)
Change	-0.018*** (0.007)	-0.024*** (0.007)
AirPost	0.025*** (0.008)	0.028*** (0.007)
Constant	5.715*** (0.083)	5.694*** (0.090)
Industry FE	YES	YES
Year FE	YES	YES
Obs	18517	19128
$R^2.Adj$	0.594	0.588

注：回归系数下面一行括号中为经过公司聚类（Cluster）修正后的标准误，***、** 和 * 分别表示估计系数在 1%、5% 和 10% 的显著性水平下显著。

在模型（5-3）中，解释变量与控制变量均与模型（5-1）中一致，被解释变量 *Risk*，代表企业风险，我们用公司会计收益波动性（翟胜宝等，2014）和股票回报波动性（Coles 等，2006；张敏等，2015）来度量，分别等于上市公司经行业调整后的资产报酬率或股票回报率在 5 年内（$t-2$ 年至 $t+2$ 年）的标准差（*Std_ROA/ Std_Return*），其中，经行业调整后的资产报酬率 = 公司当年 ROA - 当年该公司所处行业内所有公司 ROA 的平均值，经行业调整后的股票回报率 = 公司当年股票回报率 - 当年该公司所处行业内所有公司股票回报率的平均值。当公司会计收益波动性和股票回报波动性越大时，企业的风险承担水平越高。

在表 5-7 中我们可以看到，列（1）和列（2）中均显示 *HSR_Post × Std_ROA* [-2, 2] 与 *HSR_Post × Std_Return* [-2, 2] 的系数在 5% 的显著性水平下显著为正，这表明在企业经营风险越高的情况下，高铁开通对企业审计费用的促进作用更为显著。我们认为，高铁开通通过竞争的加剧增加了企业经营风险，使审计师面临的审计风险与诉讼风险增加，并带来了审计溢价，这在实证上验证了我们的经营风险渠道。

四、稳健性检验

（一）排除替代性解释

考虑到本书实证结果可能存在着潜在的替代性解释，即公司面临高铁开通所带来的激烈竞争，对高质量的审计需求提高了，从而导致审计师收费的提高。因此，我们将 *BIG4* 变量作为因变量，即企业是否会选取国际“四大”会计师事务所提供审计服务作为企业对高质量审计需求的代理变量进行回归，得到表 5－8 的实证结果，结果显示 *HSR_Post* 的系数并不显著，故我们排除上述替代性解释。

表 5－8　　排除替代性解释

VARIABLES	(1)
	BIG4
HSR	0.715*** (0.221)
HSR_Post	0.060 (0.089)
Lnsize	0.727*** (0.055)
Leverage	−1.253*** (0.318)
CATA	−0.592 (0.390)
Quick	−0.105* (0.063)
Growth	−0.401*** (0.067)
ROA	3.118*** (0.956)
PreLoss	0.003 (0.078)

续表

VARIABLES	(1)
	BIG4
INV	-0.244 (0.529)
REC	1.008 (0.657)
SOE	0.102 (0.099)
Opinion	-0.225 (0.182)
Change	-0.019 (0.031)
AirPost	0.132 (0.117)
Constant	-20.491*** (1.422)
Industry FE	24026
Year FE	YES
Observations	YES
Pseudo R^2	0.409

注：回归系数下面一行括号中为经过公司聚类（Cluster）修正后的标准误，***、** 和 * 分别表示估计系数在 1%、5% 和 10% 的显著性水平下显著。

（二）控制个体固定效应与补充控制变量

出于稳健性的考虑，参考 Bertrand 和 Mullainathan（2003）的方法，我们在模型（5-1）中加入 *HSR* * *Post* 以及控制公司固定效应进行回归，并得到一致结论。并且我们在研究模型中加入了如下控制变量：审计任期 *LnAuditTenure*，即会计师事务所连续为企业提供审计服务年数的自然对数；会计师事务所与上市公司是否在同一城市的虚拟变量 *Local*，若同在一个城市取值为 1，否则为 0；审计师行业专长 *IMS*，即借鉴 Krishnan（2003）、范经华、张雅曼与刘启亮（2013）的方法，采用会计师事务所的行业市场份额作为行业专长的替代变量，认为占有较大市场份额的外部审计师更可能是行业专家；客户重要性 *Import*，即特定客户的资产对数与会计师事务所所有客户的资产对数占比，若比值越大，代表客户重要程度越高；会计师事务所的变更 *AuditChange*，若当年公司变更会计师事务所取值为 1，否则为 0。并对模型（5－1）进行回归，实证结果仍然稳健。由于文章篇幅所限，不再赘述。

（三）安慰剂检验

DID 模型的有效性需要满足平行趋势的假定，对此，我们通常使用安慰剂检验，即通过替换处理组或假设政策起作用的虚拟时间加以实现。此处可假设修建了高铁的城市没有建高铁或变动高铁开通的时间。由于全部样本中，高铁的修建时间并不一致，为了直观地进行安慰剂检验，参考周玉龙等（2018）的做法，我们在全体样本中保留了控制组样本和直到 2010 年才首建高铁城市的处理组①，然后对 2010 年之前的实验组和控制组样本做 DID 回归。这里将高铁建设的时间，取虚拟的 2009 年、2008 年和 2007 年。如果该假想事件的系数显著，则说明没有真实的高铁开通，企业的审计收费也会发生改变；若结果不显著，则说明企业审计收费的升高确实源自高铁开通政策。表 5－9 结果显示，对虚拟的高铁修建时间进行 DID 回归，交叉项系数并不显著，故安慰剂检验结果验证表明高铁修建前处理组和控制组企业的审计费用变化满足平行趋势的假设。

表 5－9　　安慰剂检验

VARIABLES	*LnAuditfee*		
	(1)	(2)	(3)
HSR	0.155*** (0.024)	0.155*** (0.024)	0.155* (0.080)
*HSR _Placebo_post*2009	0.052 (0.051)		
*HSR _Placebo_post*2008		0.072 (0.043)	
*HSR _Placebo_post*2007			0.072 (0.049)

① 因为 2010 年首次修建高铁的城市在我们样本期间内是最多的，因此取 2010 年保留最多的样本数。

续表

VARIABLES	*LnAuditfee*		
	(1)	(2)	(3)
Control Variables	Yes	Yes	Yes
Industry FE	Yes	Yes	Yes
Year FE	Yes	Yes	Yes
Obs	3254	3254	3254
R^2. *Adj*	0.525	0.525	0.525

注：回归系数下面一行括号中为经过公司聚类（Cluster）修正后的标准误，*** 、** 和 * 分别表示估计系数在 1% 、5% 和 10% 的显著性水平下显著。

本章小结

本书采用 2005—2017 年上市公司作为研究样本，将我国的高铁开通视为一项缩短时空距离的准自然实验，采用双重差分模型（DID）检验高铁开通对企业审计收费的影响。研究结果发现：第一，高铁开通会显著提升所在地上市公司的审计收费，动态 DID 结果表明，高铁开通对企业审计收费的提升效应会随时间逐渐减弱。第二，本书按照“最小路径树”的思想构造了高铁开通的工具变量来处理潜在的内生性问题，并发现一致结论。第三，从企业自身特征和企业所处的外部环境来看，高铁开通对企业审计收费的提升作用在国有企业、非“四大”会计师事务所审计的企业、市场化进程较慢的地区和产品市场垄断程度较高的行业中的公司中表现更为显著。第四，机制探究结果表明，高铁提高了所在地企业的经营风险，从而带来了审计溢价，验证了“经营风险效应”。第五，使用模拟的高铁开通年份作为安慰剂检验进行检验，结果并不显著，进一步验证了高铁开通对审计收费带来的影响。

当前，研究中国背景下的公司治理及会计和财务问题，必须运用“自上而下的路径”（Top - Down Approach），以制度环境作为最上层，流经中层市场环境，最终抵达下层进行会计与财务问题研究（Wang 等，2008）。而本书基于高铁开通对企业审计收费的研究，正是在我国逐步开通高铁这一重要制度环境层面的基础上，深入研究了影响上市公司审计收费的影响因素。虽然，高铁的开通有助于促进信息环境的透明度并提高审计师的信息优势，但同时也会增加企业的竞争程度和经营风险。因此，本书对上市公司及政策制定者都具有重要的参考作用，这为评估我国高铁建设的微观政策效果提供了来自资本市场的直接经验证据，对学术界和监管部门深入理解上市公司审计这一重大经济课题具有重要的现实意义。

第六章　上市公司员工持股计划的公告效应研究

第一节　问题的提出

员工持股计划（Employee Stock Ownership Plans，ESOP）是一种公司内部员工通过持有本公司股票或期权的方式分享企业所有权，参与分配公司利润的机制。自改革开放以来，我国企业的员工持股是国有企业在公司制和股份制改造过程中逐步发展起来的一种股权制度安排。然而，员工持股计划在实践过程中却折戟沉沙，屡被叫停，反映了这一制度的先进性和复杂性并存（黄群慧等，2014）。尽管如此，在我国企业中引入员工持股制度仍然是现代企业制度建立，同时也是新时期全面深化国有经济改革的重大任务之一（中国社会科学院工业经济研究所课题组等，2014）。

2014 年 5 月 9 日，国务院发布《关于进一步促进资本市场健康发展的若干意见》（简称“新国九条”），提出要完善上市公司股权激励制度，允许上市公司按规定通过多种形式开展员工持股计划。随后，在 2014 年 6 月 30 日，证监会发布了《关于上市公司实施员工持股计划试点的指导意见》（简称《指导意见》），明确表示上市公司可以根据员工意愿实施员工持股计划，通过合法方式使员工获得本公司股票并长期持有，股份权益按约定分配给员工。自此，停摆近 11 年的员工持股制度正式重启，上市公司也开始陆续推出自己的员工持股计划预案。

委托—代理问题一直是现代企业制度关注和亟待解决的重要问题，而员工该持股计划的实施能够有效地调和员工与企业股东的利益，激励员工更加努力地工作，从而提高企业在长期的经营效率。早期学者利用不同国家企业层面的数据，均发现了员工持股计划存在激励效应（Kumbhakar 和 Dunbar，1993；Sesil et al.，2002；Jones 和 Kato，1995；Cin 和 Smith，2002）。与此同时，员工持股制度对于员工的激励作用还可能体现在其他方面，包括更加积极地参与公司治理（Bova et al.，2015a，2015b）、帮助企业吸引和留住核心人才（Oyer & Schaefer，2005）、鼓励企业员工进行创新研发（Chang et al.，2015），等等。尽管我国早期的员工持股制度在实践中伴随着机制设立不完善、不规范等原因使得效果大打折扣，但随着我国法律制度与公司治理环境的不断完善（Conyon & He，2012），当前推出的员工持股计划应该能够发挥对企业员工的激励效应。而结合近年来的实际案例，一些规模较大的企业，如华为、阿里巴巴等企业都较好地实施和利用了员工持股计划，为企业的发展创造了巨大价值①，反映出员工持股计划在实践中也开始发挥效应。

本书选取了2014年至2015年9月30日期间发布员工持股计划草案公告的A股上市公司作为实验组样本，考察了投资者对企业推行员工持股计划的市场反应。若该计划的推出能够发挥对员工的激励效应，有利于企业在未来的长期发展，那么投资者应该对该计划的发布给予积极回馈。为了控制其他事件对本文实验组样本所产生的可能影响，本书基于倾向性得分匹配法（Propensity Score Matching，PSM）对推行员工持股计划的实验组样本构造相应的控制组样本，并通过多元回归模型进行检验。我们发现，无论是单变量检验还是多元回归模型，结果均表明投资者对公司发布员工持股计划公告的反应显著为正，体现了员工持股计划的激励效应。

在拓展性分析中，我们首先考察了所有权性质的可能影响，发现与非国有企业相比，国有企业发布员工持股计划的公告反应更为显著。其次，由于市场反应可能取决于员工在企业中发挥的作用大小，我们使用企业员工的教育程度作为他们在企业中发挥作用的替代指标，发现推行员工持股计划的企业员工教育水平越高，则市场反应越显著。最后，通过对员工持股计划草案进行分析，我们发现当资金来源包含“员工薪酬及自筹资金”、股票来源包含“认购非公开发行”以及企业实施员工持股计划涉及的股票规模越大时，投资者对该计划的市场反应越强烈。而员工持股计划授予员工人数越多，由于“搭便车”的存在可能会降低该计划对员工的激励效应，投资者的反应也会有所下降。

---

① http：//news.163.com/15/0120/03/AGCDI9PU00014AED.html，http：//news.hexun.com/2007-10-26/100966779.html.

本书的贡献主要包括：第一，尽管国外关于员工持股计划的讨论相对丰富，但国内关于员工持股制度的研究更多地集中在对制度建设的讨论，提供实证证据的文献较少①。通过对当前上市公司推行员工持股计划的市场反应的检验，可以初步地肯定这一政策的适宜性，为鼓励上市公司引入员工持股制度提供数据佐证，同时也丰富了我国员工持股计划的相关文献。第二，在方法上，我们不仅对推出员工持股计划的上市公司进行了检验，还利用 PSM 匹配了相应的控制组样本，从而能够缓解其他事件对本书结果所产生的可能影响（如整体市场形势、行业利好、企业自选择等），提高了本书结论的稳健性与有效性。第三，通过对企业产权性质考察，我们认为在国有企业中引入员工持股制度，能够更好地推动国有企业改革，完善企业的激励机制，进一步建立现代企业制度。同时，员工持股计划的激励效应与员工在企业内部所发挥的作用也密切相关。

第二节　理论依据与研究假设

企业所有权与控制权的分离导致了现代企业广泛存在着委托—代理问题（Jensen 和 Meckling，1976）。企业的管理者或员工持有企业的部分股权能够使所有者与代理人的利益一致，从而在一定程度上缓解委托—代理问题。对于企业的员工而言，员工持股计划通常被看作是对员工的激励措施，当员工的个人利益与企业未来的发展绑定时，员工会通过更加努力地工作以获得更高的收益。然而，这种激励措施并不一定能产生真正的激励效果（Oyer，2004），如 USGAO（1987）认为企业在实施了 ESOP 后，在盈利能力和生产率方面并没有显著提升，而 Conte et al.（1996）则发现企业在实施 ESOP 之后，股票收益反而会有所下降。究其原因，一方面，大规模的员工持股反而可能会导致“搭便车”的问题，每个员工都认为自己对企业业绩的影响相当微弱而并不努力，从而降低了对员工的有效激励（Hochberg 和 Lindsey，2010；Kim 和 Ouimet，2014）。同时，当员工持股计划被用于其他目的时（如反收购措施、管理层防御等），也无法发挥其

① 王晋斌、李振仲（1998），张小宁（2002），黄桂田、张悦（2009），Meng et al（2011）和 Fang et al（2015）等为我国员工持股计划实施的效果提供了一定的实证证据，但与本书不同的是，他们主要围绕 1992—2006 年这段期间的员工持股制度进行研究，且得到的结论也不一致。

应有的效果，相反，市场还会给予其负面反应（Chang & Mayers，1992）。

尽管如此，仍然有大量文献通过实证检验发现员工持股计划能够给企业带来积极影响。利用事件研究法，Chang（1990）发现企业在宣布员工持股计划公告时，能够给股东带来正向的财富效应。Kumbhakar 和 Dunbar（1993）利用美国 1982—1987 年的数据发现员工持股计划的实施能够使企业每年的生产效率提升 1. 8—2. 7 个百分点。基于美国“新经济公司”的数据，Sesil et al.（2002）也同样发现员工持股制度能够提升员工的人均产出。Jones 和 Kato（1995）利用日本企业的面板数据，估算出员工持股计划能够提升生产率 4—5 个百分点。同时，Cin 和 Smith（2002）利用韩国企业的数据也发现，员工持股计划的实施能够提升产出约 2. 6 个百分点。因此，来自各国早期的经验证据表明，员工持股制度仍然可能对员工产生有效的激励效应。

近年来，更多学者对员工持股制度进行了研究，发现当员工持股制度的实施能够避免“搭便车”的问题时，其对员工的激励效应将更为显著。例如，Hochberg 和 Lindsey（2010）考察了授予员工的股票期权是否能够影响企业业绩，他们发现当企业授予员工的股票期权组合含有更高的隐含激励作用时，对企业未来经营业绩的提升作用越大，并且这种影响在具有较少员工以及较高成长性的企业中更显著。Kim 和 Ouimet（2014）探讨了员工持股计划的动机和结果，他们发现一些小规模的 ESOPs（分配股票比例少于 5%，授予适度规模的员工）可以正向影响经济表现，对员工和股东均有利。而相对于传统的固定薪酬，员工持股计划本身对于员工的行为也会有所改善，Zabojnik（2014）通过构建模型证明，员工持股制度能够有效地鼓励员工将精力投资于与企业相关的专有知识。Hales et al.（2015）则通过实验发现，相对于选择固定工资的员工而言，选择股票薪酬激励的员工在面对困难问题时能够表现更强的解决问题的能力。

与此同时，员工持股计划对员工的激励作用可能体现在三个方面：

第一，公司治理。Ginglinger et al.（2011）利用法国特有的员工代表董事选举制度，发现员工股东选举出的董事能够增加企业的价值和盈利能力。Bova et al.（2015a）发现，企业员工的持股能够显著增加企业对其利益相关者的信息披露程度。Bova et al.（2015b）发现，随着员工持有公司的股份越多，企业未来的风险越低。一方面，当管理层提出战略决策时，员工会更加仔细地执行决策；另一方面，由于持有公司的部分股权，企业员工可能能够确实地影响公司的战略决策（如帮助管理者筛选投资项目等）。

第二，吸引和保留员工。Core 和 Guay（2001）考察了影响企业实施员工持股制度的影响因素，发现企业会通过使用股票期权的形式吸引和保留员工，并以此激励他们。Ittner et al.（2003）发现保留员工是新经济公司（New Economy Firms）授予股票的主要目标。Oyer 和 Schaefer（2005）同样也认为，保留员工是企业授予员工股票期权的主要因素之一。对于企业而言，其核心员工是企业持续发展的关键，同时在竞争日益激烈的市场环境中，有效吸引具有专业知识的高技术人才才能使企业在未来的发展中获取竞争优势。而相反，若企业的核心人才流失，则未来的生产效率可能会进一步下降（孔东民等，2015）。此外，通过享有企业利润的分享权能够带来员工对企业满意度上的提升，也会对公司的股票价格产生正面影响（Edmans，2011）。

第三，投资与创新。Babenko et al.（2011）认为，员工持股计划的实施能够给企业带来大量的现金流，这些现金流入能够替代成本较高的外部融资，以满足企业较高的投资需求。Chang et al.（2015）发现，当员工持有企业的股权时，他们承担风险的能力会提高，同时员工持股制度对于企业的员工而言是一种集体激励，从而加强了员工之间的合作，最终有助于企业的创新行为。

关于我国员工持股制度对企业绩效的影响相对较少。王晋斌、李振仲（1998）发现，内部员工持股比例与企业的净资产收益率得关系并不显著。张小宁（2002）则认为，员工持股对企业绩效有正向影响。黄桂田、张悦（2009）利用我国国有企业的截面数据，发现员工持股与企业绩效是正向关系，同时员工持股能够降低企业的财务杠杆。Meng et al.（2011）和 Fang et al.（2015）分别用 1992 年和 2006 年的员工持股或员工购买股票股权计划作为事件来进行检验，前者发现施行 ESOP 与不施行 ESOP 的公司在业绩上没有显著差异，后者发现 ESOP 对员工的激励政策能够提高公司业绩。总体而言，从我国员工持股计划的实施历程来看，以往的政策由于缺乏规范性或其他原因导致员工持股制度在实施效果上可能并不尽如人意（王晋斌，2005）。而此次《指导意见》的提出是建立在以往对员工持股制度的不断摸索实践的基础之上，是对现代公司制度，尤其是上市公司股权激励制度的进一步完善。同时，随着我国法律制度与公司治理环境的不断改善（Conyon 和 He，2012），当前推出的员工持股计划能够保证对企业员工形成有效激励。据此，我们提出假说：

假说：投资者对公司发布员工持股计划公告的反应显著为正。

第三节 数据来源与变量定义

一、数据来源

自2014年6月20日证监会颁布《上市公司实施员工持股计划试点指导意见》以来，我国上市公司逐步推出员工持股计划。本书选取在2014年至2015年9月30日期间发布员工持股计划草案公告的A股上市公司作为初始样本，该样本均来自Wind数据库。同时，Wind数据库还详细提供了各上市公司所推出的员工持股计划的具体信息，包括初始资金规模、预计持股数量、资金来源、股票来源、员工认购人数和高管认购人数等。对于相关信息缺失的样本，我们通过搜索上市公司发布的员工持股计划草案进行手工补充，最终形成了本书主要考察的实验组样本。

本书所使用的上市公司股票交易数据与财务数据均来自CSMAR数据库，上市公司的最终控制人数据则由同花顺iFinD数据库整理所得，员工教育程度数据来源于Wind数据库。行业分类依据中国证监会2012年修订的《上市公司行业分类指引》版本，按照各上市公司所属门类行业进行分类。

二、变量定义

（一）累积超额收益（Cumulative Abnormal Return，CAR）

为了考察上市公司推出员工持股计划的公告反应，借鉴已有文献（Campbell和Wasley，1993；Campbell et al.，1997；姜付秀等，2012），我们使用事件研究法并依据市场模型计算事件日前后的累积超额收益。其中，事件日定义为上市公司发布员工持股计划的公告日（当公告日为交易日时）或者发布员工持股计划公告后的第一个交易日（当公告日为非交易日时）。所估计的市场模型为：

$$R_{it} = \alpha_i + \beta_i R_{Mt} + \varepsilon_{it} \tag{6-1}$$

其中，R_{it}为第 i 支股票在 t 日的收益率，R_{Mt}为第 t 日股票市场按流通市值加权计算得到的市场收益率，ε_{it}为随机扰动项。我们将公告前 150 个交易日至前 30 个交易日作为市场模型的估计窗（即［-150，30)），估计得到第 i 支股票的收益率系数 $\hat{\beta}_i$，并进一步计算出事件窗内每日的超额收益（Abnormal Return，AR）：

$$AR_{it} = R_{it} - (\hat{\alpha}_i + \hat{\beta}_i R_{Mt}) \tag{6-2}$$

根据事件窗内每天的超额收益 AR_{it}，可计算出事件窗口内一段时间内的累积超额收益 $CAR_i[T_1, T_2] = \sum_{t=T_1}^{t=T_2} AR_t$。我们分别计算了事件窗口期为［-1，1］、［-3，3］，［-5，5］、［-7，7］以及［-10，10］的累积超额收益。在回归分析中，我们主要报告事件窗为［-3，3］时的累积超额收益作为因变量的回归结果①。

（二）国有企业虚拟变量（SOE）

根据同花顺 iFinD 数据库提供的相关数据，我们搜集整理了上市公司在每年年末的实际控制人类型数据，并依此将所有样本划分为国有企业和非国有企业两类。同时，构建国有企业虚拟变量 *SOE*，若上市公司在该年实际控制人为国有法人、国家政府机关等部门则取值为 1，否则为 0。

（三）其他变量

为了控制公司特征对员工持股计划公告效应的影响，我们控制了企业的基本特征，如公司规模 *SIZE*、公司年龄 *AGE*、资产负债率 *LEV*、企业的销售增长率 *Growth* 以及资产收益率 *ROA*。此外，员工持股计划的实施在一定程度上也会影响企业的股权结构，因此我们还进一步控制了企业第一大股东持股比例 *CtrlRight* 和机构持股比例 *INSOWN*。最后，由于 ESOP 的核心是员工利益，当员工学历水平较高时，员工对于企业的作用可能更大，而在这些企业中实施员工持股计划的概率可能也越高。因此，我们使用企业员工学历程度（*Education*）来控制员工在企业中可能发挥的作用大小，其中员工学历程度为企业本科及以上学历员工占全体员工人数的比例。本书所使用的具体变量定义可见表 6-1。

① 我们也尝试使用了其他事件窗的累积超额收益作为因变量，结果基本一致。

表 6-1　　　　变量说明

变量	定　　义
CAR	经市场模型计算得到的累积异常收益
Treat	虚拟变量，若上市公司发布员工持股计划公告则取值为1，否则为0
Money Source	资金来源虚拟变量，若员工持股计划中资金来源包含“员工薪酬及自筹资金”类型时，取值为1，否则为0
Stock Source	股票来源虚拟变量，若员工持股计划中股票来源包含“认购非公开发行”类型时，取值为1，否则为0
Ln(Money)	员工持股计划初始资金规模的自然对数值
Ln(Holding)	员工持股计划预计持股数量的自然对数值
Ln(ESOP Employee)	员工持股计划预计授予员工人数的自然对数值
SOE	虚拟变量，若上市公司为国有控股企业，则取值为1，否则为0
SIZE	公司规模，总资产的自然对数值
AGE	公司年龄，上市公司年份减去IPO年份
LEV	资产负债比率
Growth	销售收入增长率，定位为过去两年销售收入增长率的几何平均数
ROA	资产收益率
CtrlRight	第一大股东持股比例
INSOWN	机构持股比例
Education	企业本科及以上学历员工占比

第四节　实证结果与分析

一、发布员工持股计划公告的样本分布

自证监会发布《关于上市公司实施员工持股计划试点的指导意见》后，推出员工持股计划的上市公司也逐渐增多，表6-2对我国2014年至2015年9月30日期间发布员工持股计划的企业进行了整理。样本期间，共有358家上市企业推出了员工持股计划，其中2014年有59家企业，2015年有299家企业。从上

市板块来看，大部分为主板及中小板。然而，结合我国目前上市公司的总体分类，推出计划的主板及中小板样本约占该类总体企业的 11%，而推出计划的创业板样本则约占创业板总体的 20%。因此，尽管从绝对数量来看，主板及中小板企业会更多地推行员工持股计划，但从整体占比而言，创业板企业可能更倾向于实施员工持股计划。此外，从行业分布来看，样本集中在制造业（占比 72.07%），其次是信息传输、软件和信息技术服务业（占比 7.26%）。

表 6－2　　　　　　　　　实验组样本分布

分　　类	样本数	比例
Panel A：年度分布		
2014 年	59	16.48%
2015 年	299	83.52%
Panel B：板块分布		
主板及中小板	259	72.35%
创业板	99	27.65%
Panel C：行业分布		
采矿业	8	2.23%
电力、热力、燃气及水生产和供应业	2	0.56%
房地产业	12	3.35%
建筑业	9	2.51%
交通运输、仓储和邮政业	4	1.12%
金融业	5	1.40%
科学研究和技术服务业	1	0.28%
农、林、牧、渔业	9	2.51%
批发和零售业	13	3.63%
水利、环境和公共设施管理业	2	0.56%
卫生和社会工作	1	0.28%
文化、体育和娱乐业	4	1.12%
信息传输、软件和信息技术服务业	26	7.26%
制造业	258	72.07%
综合	2	0.56%
租赁和商务服务业	2	0.56%
合计	358	100%

通过上市公司所发布的员工持股计划草案可以进一步获知企业所分配的股票是以什么形式通过什么途径分配给员工的。从资金来源看，员工持股计划所需资金的来源大致包括员工薪酬及自筹资金、持股计划奖励金、控股股东借款、无偿受赠和向第三方融资等五类。其中，部分企业还使用了混合的资金来源（如员工薪酬及自筹资金配合控股股东借款等），总体而言，由表6－2的Panel A可知，目前我国企业推行员工持股计划中资金的主要来源是员工薪酬及自筹资金。

对于股票来源，《指导意见》列出了五种渠道，包括：上市公司回购本公司股票、二级市场购买、认购非公开发行股票、股东自愿赠予、法律法规允许的其他方式。从上市公司的实际实施方案来看，也基本属于上述渠道中的一种或几种混合使用。从来源分布看，含竞价转让方式的样本占比约为68%，其次为认购非公开发行（占比约为30%）。结合表6－2和表6－3可知，我国上市公司在推行员工持股计划中的资金筹集和股票分配方式比较相似和集中。

表6－3　　　　资金来源和股票来源分布

分　　类	样本数	比例
Panel A：按资金来源分类		
持股计划奖励金	4	1.12%
控股股东借款	2	0.56%
无偿受赠	1	0.28%
向第三方融资	1	0.28%
员工薪酬及自筹资金	277	77.37%
员工薪酬及自筹资金、控股股东借款	69	19.27%
员工薪酬及自筹资金、向第三方融资	4	1.12%
Panel B：按股票来源分类		
定向受让	5	1.40%
上市公司回购	1	0.28%
协议转让	1	0.28%
股东赠予	2	0.56%
股东赠予、认购非公开发行	2	0.56%
竞价转让	160	44.69%

续表

分　类	样本数	比例
Panel B：按股票来源分类		
竞价转让、上市公司回购	1	0.28%
竞价转让、定向受让	68	18.99%
竞价转让、定向受让、股东赠予	7	1.96%
竞价转让、定向受让、认购非公开发行	4	1.12%
竞价转让、认购非公开发行、上市公司回购、股东赠予	3	0.84%
认购非公开发行	104	29.05%
合计	358	100.00%

二、员工持股计划的市场反应

根据假说 1，由于员工持股计划体现了对员工的激励效应（Chang，1990；Jones 和 Kato，1995；Cin 和 Smith，2002；Kim 和 Ouimet，2014），同时当员工持有较多公司股票时会提高企业自愿披露的程度，这是由于员工持股能够改善企业的公司治理，从而提升公司对投资者和其他利益相关者的透明程度（Bova et al.，2015a）。因此，我们预期上市公司在发布员工持股计划公告时，市场上的投资者会给予正面的反应。

表 6－4 是推行员工持股计划的公告反应，在 358 个样本中最终能够计算出累积异常收益的样本为 347 个，其中主板及中小板企业有 251 个，创业板公司为 96 个。由表 6－3 的 Panel A 可以发现，各事件窗内的累积异常收益 CAR 的均值都为正，且基本都通过了均值检验与 Wilcoxon 配对符号秩检验，表明员工持股计划事件前后公司的累积异常收益显著大于 0。我们进一步将全体实验组样本按照上市板块分为主板中小板和创业板两类，结合 Panel B 与 Panel C 的结果可以发现，主板及中小板企业推行员工持股计划产生的公告效应要更加显著且持久。而对于创业板样本而言，事件发生基期产生的累积异常收益较高，而在事件发生的第 5 天开始有所下降。总体而言，员工持股计划的推出给企业带来的累积异常收益在 5% 左右。此外，我们根据公司所在行业将样本区分为制造业和非制造业，结合 Panel D 与 Panel E 的结果可以看到，制造业与非制造业两类企业的公告效应在不同事件窗口的结果比较相似。在未报告的表格中，我们也对两类

企业在不同窗口的CAR进行了参数与非参数检验，检验结果也表明两类企业的公告效应的差异并不明显①。

表6-4　　实验组样本员工持股计划的公告反应

	平均值	均值检验P值	符号秩检验P值
Panel A：全样本（样本数=347）			
CAR [-1, 1]	0.0485	0.0000	0.0000
CAR [-3, 3]	0.0566	0.0000	0.0000
CAR [-5, 5]	0.0481	0.0002	0.0005
CAR [-7, 7]	0.0421	0.0040	0.0127
CAR [-10, 10]	0.0315	0.0562	0.1722
Panel B：主板及中小板（样本数=251）			
CAR [-1, 1]	0.0478	0.0000	0.0000
CAR [-3, 3]	0.0540	0.0000	0.0000
CAR [-5, 5]	0.0498	0.0006	0.0022
CAR [-7, 7]	0.0515	0.0018	0.0145
CAR [-10, 10]	0.0401	0.0321	0.1007
Panel C：创业板（样本数=96）			
CAR [-1, 1]	0.0505	0.0002	0.0004
CAR [-3, 3]	0.0637	0.0046	0.0060
CAR [-5, 5]	0.0437	0.0999	0.0763
CAR [-7, 7]	0.0176	0.5661	0.5037
CAR [-10, 10]	0.0089	0.7940	0.9738
Panel D：制造业（样本数=240）			
CAR [-1, 1]	0.0483	0.0000	0.0000
CAR [-3, 3]	0.0575	0.0000	0.0000
CAR [-5, 5]	0.0493	0.0013	0.0049
CAR [-7, 7]	0.0440	0.0122	0.0421
CAR [-10, 10]	0.0277	0.1506	0.4386

① 除此之外，为了考察员工持股计划在股市总体上升期和下降期的表现是否存在差异，我们首先计算了各事件窗口前一个月的股市总体累积收益，然后根据该股市总体累积收益是否大于0来区分股市总体的上升期和下降期。员工持股计划的公告效应在股市总体上升期内的收益均显著为正，而在股市总体下降期内仅在较短窗口显著为正，且从CAR的大小来看，在股市总体上升期时，员工持股计划的公告效应要更大一些。因此，该结果表明确实可能存在外部冲击对员工持股计划公告效应的非对称影响。

续表

	平均值	均值检验 P 值	符号秩检验 P 值
Panel E：非制造业（样本数 = 107）			
CAR [-1，1]	0.0490	0.0001	0.0001
CAR [-3，3]	0.0548	0.0059	0.0101
CAR [-5，5]	0.0456	0.0476	0.0408
CAR [-7，7]	0.0380	0.1549	0.1724
CAR [-10，10]	0.0400	0.2075	0.2172

同时，我们还尝试考察了员工持股计划的长期效应。具体而言，我们选取了几个长期事件窗口来观察其累积超额收益的情况。结果见表 6 -5，结合表 6 -4 可以发现，员工持股计划的公告效应在短期是一个逐渐增强的过程，而在未来半年到 1 年期的时间范围内，该效应会有所下降①。

表 6 -5　　　实验组样本员工持股计划的长期市场反应

	平均值	均值检验 P 值	符号秩检验 P 值
CAR [0，60]	0.0870	0.0001	0.0011
CAR [0，90]	0.0955	0.0001	0.0010
CAR [0，120]	0.0593	0.0403	0.0542
CAR [0，250]	0.0133	0.7649	0.3764

为了更详细地描述员工持股计划的公告效应，我们绘制了 [-10，10] 这段时间内全体实验组样本的累积异常收益走势。如图 6 -1 所示，可以很明显地看到，在事件发生之后累积异常收益迅速上升，且不同上市板块的样本在事件后的第 3 天开始出现差异，主板及中小板企业样本仍然维持上升的走势，而创业板企业的收益则有所下降，这与表 6 -4 的结论基本一致。

尽管结合表 6 -4 与图 6 -1，我们可以在一定程度上验证假说 1，即市场对公司发布员工持股计划的公告反应显著为正。然而，我们并无法完全排除是否由于其他原因引起了这个结果。例如，在事件发生之时，可能掺杂了其他事件对本书实验组样本的影响（如整体市场形势、行业利好、企业自选择等）。因

① 我们同样也使用 PSM 的方法对实验组样本进行配对，然后用所选窗口的 CAR 分别对实验组样本虚拟变量 *Treat* 进行回归，以观察不同时期变量 *Treat* 的系数是否发生变化，结果也基本一致。

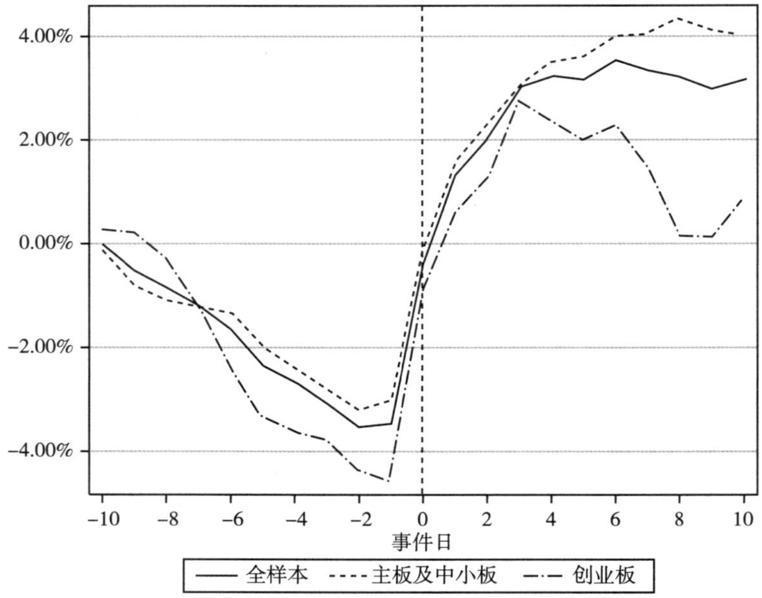

图 6－1　员工持股计划的公告反应

此，我们使用 Rosenbaum 和 Rubin（1983）提出的倾向性得分匹配法（Propensity Score Matching，PSM）对推行员工持股计划的实验组样本构造相应的控制组样本。对于控制组而言，该类企业在基本特征上与实验组不存在明显差异，因此在是否推出员工持股计划的倾向上应该与实验组样本基本接近。对于每一个实验组样本，我们都通过 PSM 方法为其匹配一个控制组样本，并赋予该控制组样本与实验组样本相同的事件日（即假设控制组样本在该事件日也推出了员工持股计划，但实际上并未推出）。具体步骤包括：

第一，选择公司特征变量，估计 Logit 模型。其中，本书所选取的公司特征变量包括公司规模、公司年龄、资产负债率、企业销售增长率、资产收益率、第一大股东持股比例、机构持股比例以及员工受教育水平。这些变量涉及了企业的基本特征，同时由于员工持股计划会牵涉企业股权的分配问题，第一大股东与机构投资者的持股比例对于企业是否推行员工持股计划也可能产生影响。

第二，基于 Logit 模型的估计系数，对每一个观测样本计算其倾向性得分。

第三，利用最邻近匹配法（Nearest－Neighbor Matching）进行无放回的一对一匹配。即对每一家推行员工持股计划的公司而言，选择事件前一年度同行业内其他从未推行员工持股计划的公司中倾向性得分值最接近的公司作为配对样本（即控制组样本）。

表6－6报告了ESOP企业特征的结果，可以发现，当企业年龄较小，盈利能力较好，企业员工学历较高时更有可能实施员工持股计划。此外，尽管系数检验统计量不显著，但从符号来看，第一大股东持股比例对员工持股计划的实施可能有抑制作用，而机构投资者可能会促进企业实施员工持股计划。

表6－6　ESOP企业特征

	因变量：Treat	
变量	回归系数	T值
SIZE	－0.007	－0.130
AGE	－0.089***	－7.000
LEV	－0.145	－0.478
Growth	0.005	1.350
ROA	0.200**	1.994
CtrlRight	－0.595	－1.407
INSOWN	0.137	0.465
Education	0.642*	1.876
截距项	－2.516**	－1.973
年度效应	Yes	
行业效应	Yes	
观测值	4359	
伪 R^2	0.114	

注：本表检验实施员工持股计划企业的影响因素。为节省空间，我们省略了年度和行业虚拟变量的回归结果，Yes代表控制了相应变量。括号内为经行业集聚效应调整的标准误计算得到的t值，***、**和*分别表示估计系数在1%、5%和10%的显著性水平下显著。

表6－7报告了样本各特征变量在实验组和控制组之间的比较检验结果①，均值检验和Wilcoxon配对符号秩检验的结果表明两组样本之间基本没有显著差异，表明我们的PSM方法是有效的。

① 此处是以实际推行员工持股计划的所有样本进行匹配后的结果，因此在样本数上多于能够计算出CAR的样本。

表 6－7　　实验组与控制组样本比较

变量	实验组（样本数＝324）		控制组（样本数＝324）		两组差异的均值检验	两组差异的符号秩检验
	平均值	中位数	平均值	中位数	P 值	P 值
SIZE	21.814	21.658	21.911	21.713	0.293	0.704
AGE	8.235	5.000	8.176	5.000	0.788	0.834
LEV	0.398	0.371	0.402	0.359	0.669	0.980
Growth	0.186	0.131	0.156	0.113	0.040	0.002
ROA	0.046	0.040	0.045	0.035	0.639	0.054
CtrlRight	0.348	0.327	0.353	0.336	0.350	0.575
INSOWN	0.373	0.369	0.379	0.370	0.494	0.573
Education	0.258	0.191	0.267	0.187	0.600	0.893

通过对累积超额收益的单变量检验以及公告反应的图形趋势可以初步验证假说 1。在本书的后续部分，我们将结合实验组与控制组样本，同时包括公司特征的相关控制变量对前文提出的假说进行验证。为了区分实验组与控制组样本，我们新构建了虚拟变量 *Treat*，若样本属于实验组（即实际发布员工持股计划的公司）则取值为 1，否则为 0。实验组和控制组样本的累积异常收益及各特征变量的描述性统计如表 6－8 所示。

从表 6－8 可以看到，所有样本中国有企业占比约为 18.2%。此外，针对员工持股计划草案中披露的资金来源、股票来源、初始资金规模、预计持股数量以及员工认购人数，本书也分别构建了变量 *Money Source*、*Stock Source*、*Ln(Money)*、*Ln(Holding)* 和 *Ln(ESOP Employee)*，以考察员工持股计划本身的差异性是否会影响市场反应。具体的变量定义可参考表 6－1。

表 6－8　　描述性统计

变量	样本数	平均值	标准差	最小值	中位数	最大值
CAR [－3，3]	648	0.037	0.177	－0.359	0.025	0.492
Treat	648	0.500	0.500	0.000	0.500	1.000
Money Source	648	0.488	0.500	0.000	0.000	1.000
Stock Source	648	0.153	0.360	0.000	0.000	1.000
Ln(Money)	631	8.777	9.055	0.000	0.000	21.321

续表

变量	样本数	平均值	标准差	最小值	中位数	最大值
Ln(Holding)	604	7.326	7.926	0.000	0.000	19.856
Ln(ESOP Employee)	648	1.815	2.480	0.000	0.000	9.675
SOE	648	0.182	0.386	0.000	0.000	1.000
SIZE	648	21.856	1.134	19.532	21.667	25.390
AGE	648	8.227	5.512	3.000	5.000	22.000
LEV	648	0.398	0.213	0.052	0.371	0.933
Growth	648	0.183	0.337	-0.408	0.131	2.292
ROA	648	0.045	0.055	-0.131	0.040	0.246
CtrlRight	648	0.348	0.146	0.090	0.327	0.741
INSOWN	648	0.373	0.239	0.003	0.369	0.881

针对假说 1，本书使用的模型设定为：

$$CAR_{i,t} = \alpha + \beta Treat_{i,t} + \gamma Controls_{i,t-1} + \varepsilon_{i,t} \tag{6-3}$$

其中，*CAR* 为员工持股计划的市场反应，*Treat* 为推行员工持股计划样本的虚拟变量，*Controls* 为之前已定义的一系列控制变量。同时，模型中还加入了行业和年度虚拟变量。在此模型中，我们主要关注回归系数 β，若员工持股计划的市场反应为正，则 β 系数显著为正。

表 6-9 报告了员工持股计划公告反应的回归结果，其中 Panel A 未控制任何控制变量，而 Panel B 加入了一系列控制变量。由结果可知，无论是否加入控制变量，当以各时间窗口的累积异常收益作为因变量时，*Treat* 的系数均显著为正，这表明与控制组样本相比，实际发布员工持股计划公告的样本公司会有更高的市场反应，这与假说 1 的预期一致①。

从控制变量的结果来看，企业的资产负债率与资产收益率均与市场反应具有正相关关系。同时，第一大股东持股比例与公告反应显著正相关，可能反映了员工持股计划能够在一定程度上缓解大股东的利益输送问题，从而引起了投资者对企业的积极预测。

① 针对员工持股计划对企业的影响是否也可能反映到企业的长期经营表现上这一问题，在未报告的结果中我们对实验组和控制组样本在未来一期的总资产收益率（ROA）与净资产收益率（ROE）进行了比较，发现颁布员工持股计划草案的样本企业在未来一期的盈利能力显著高于控制组样本。但限于数据的可得性，更长期的经营表现是我们在未来需要继续探索的方向。

表 6-9　　员工持股计划公告反应的回归结果

Panel A					
变量	CAR[-1,1]	CAR[-3,3]	CAR[-5,5]	CAR[-7,7]	CAR[-10,10]
Treat	0.034*** (4.470)	0.040*** (4.804)	0.034*** (4.277)	0.037*** (3.822)	0.045** (2.636)
Constant	0.015** (2.351)	0.017** (2.346)	0.014 (1.471)	0.007 (0.506)	-0.011 (-0.617)
观测值	648	648	648	648	648
调整后的 R^2	0.021	0.011	0.005	0.004	0.005
Panel B					
变量	CAR[-1,1]	CAR[-3,3]	CAR[-5,5]	CAR[-7,7]	CAR[-10,10]
Treat	0.034*** (4.096)	0.039*** (4.372)	0.033*** (3.892)	0.034*** (3.311)	0.040** (2.470)
SIZE	-0.004 (-0.679)	-0.009 (-1.059)	-0.012 (-1.235)	-0.016 (-1.747)	-0.017* (-1.769)
AGE	0.000 (0.566)	0.000 (0.085)	-0.000 (-0.203)	0.001 (0.578)	-0.001 (-0.693)
LEV	0.021 (1.143)	0.058* (1.984)	0.093*** (4.121)	0.094*** (3.390)	0.099* (2.058)
Growth	-0.006 (-0.614)	-0.009 (-0.927)	0.010 (0.458)	0.015 (0.683)	0.035* (1.848)
ROA	-0.045 (-1.151)	0.067 (1.043)	0.186* (1.942)	0.156* (2.140)	0.233** (2.291)
CtrlRight	0.040* (1.767)	0.088 (1.679)	0.131** (2.458)	0.177*** (3.731)	0.084* (2.046)
INSOWN	-0.029* (-1.886)	-0.045** (-2.203)	-0.037 (-1.390)	-0.014 (-0.383)	0.030 (0.594)
Education	0.044 (1.712)	0.053 (1.399)	0.047 (0.905)	0.047 (0.730)	0.046 (0.545)
截距项	-0.032 (-0.372)	-0.163 (-1.204)	-0.222 (-1.190)	-0.250 (-1.112)	-0.269 (-0.866)
年度效应	Yes	Yes	Yes	Yes	Yes
行业效应	Yes	Yes	Yes	Yes	Yes
观测值	648	648	648	648	648
调整后的 R^2	0.034	0.013	0.012	0.015	0.010

注：本表检验员工持股计划的市场反应。为节省空间，我们省略了年度和行业虚拟变量的回归结果。R^2.adj 为调整后的 R^2。括号内为经行业集聚效应调整的标准误计算得到的 t 值，***、** 和 * 分别表示估计系数在 1%、5% 和 10% 的显著性水平下显著。

三、员工持股计划的市场反应：产权性质的调节作用

在这一部分我们主要考察员工持股计划的公告效应在不同所有权性质企业中是否存在差异。一方面，已有文献发现，相对于非国有企业，国有企业会面临更多的非经济目标（黄速建、余菁，2006），这通常会降低基于业绩考核的激励制度（Chen et al.，2013）。而员工持股计划作为国企改革的重要方向之一，能够通过员工持有公司股票的方式，建立起员工可享有企业成长和参与经营决策的利益分享机制，从而充分调动员工工作的积极性。另一方面，由于国有企业的代理问题比较严重，实施员工持股计划能够将更多的企业内部职工转化为企业的投资者，这在一定程度上可以增加对企业的监管力度。例如，Bova et al.（2015a）发现，企业员工的持股能够显著增加企业对其利益相关者的信息披露程度。Bova et al.（2015b）发现，随着员工持有公司的股份越多，企业未来的风险越低。因此，作为当前国企改革的重要途径，推行员工持股计划可能会使得国有企业受益更多。

此外，近年来，随着市场环境的变化和国有企业改革的不断深入，国有企业在生产效率上有所提高，并且对非国有制企业产生了"追赶效应"（孔东民等，2014；Hsieh 和 Song，2015）。黄群慧等（2014）与黄速建、余菁（2015）也认为，对于采用混合所有制的一般商业性国有企业比其他类型的国有企业更适宜推行员工持股制度。因此，投资者对于实施员工持股计划的国有企业可能会有更加积极地预期。因此，我们认为国有企业推行员工持股计划所产生的市场反应可能更为显著。我们按照 iFinD 数据库实际控制人的类型将实验组和控制组样本划分为国有企业和非国有企业，其中国有企业的实际控制人包括国有法人、国家政府机关等部门。使用的模型设定为：

$$CAR_{i,t} = \alpha + \beta_1 Treat_{i,t} + \beta_2 SOE_{i,t} + \beta_3 Treat_{i,t} \times SOE_{i,t} + \gamma Controls_{i,t-1} + \varepsilon_{i,t} \quad (6-4)$$

在模型（6－4）中，我们感兴趣的是 *Treat* 与 *SOE* 的交互项的估计系数，由表 6－10 的第（1）列可以看到，交互项系数在 1% 的水平下显著为正。实验组样本中国有企业与非国有企业在员工持股计划公告反应上的差异应为 0.076，其中 *SOE* 与 *SOE* 和 *Treat* 交互项的 F 检验的 P 值为 0.001。因此，与非国有企业相比，国有企业发布员工持股计划的公告反应更为显著。

表 6-10　　员工持股计划市场反应：产权、学历与方案的影响差异①

变量	CAR [-3, 3]						
	(1)	(2)	(3)	(4)	(5)	(6)	(7)
Treat	0.030** (2.637)	0.013 (1.290)	-0.016 (-0.962)	-0.008 (-0.879)	-0.395 (-1.510)	-0.234 (-1.600)	0.071*** (3.216)
SOE × *Treat*	0.088*** (3.455)						
SOE	-0.012 (-0.510)						
Education × *Treat*		0.099*** (3.019)					
Money Source Dummy × *Treat*			0.056*** (3.691)				
Stock Source Dummy × *Treat*				0.157*** (14.920)			
Ln(*Money*) × *Treat*					0.024 (1.680)		

① 我们也尝试针对不同规模、样本企业是否为制造业以及企业是否属于资本密集型企业做了检验，但并没有发现显著差异。部分实验组样本的员工持股计划草案中并未给出具体的资金规模和持股数量，这类样本不参与回归。对于控制组样本而言，变量 *Money Source*、*Stock Source*、*Ln*（*Money*）、*Ln*（*Holding*）和 *Ln*（*ESOP Employee*）的取值均为0。

续表

变量	CAR [−3，3]						
	(1)	(2)	(3)	(4)	(5)	(6)	(7)
Ln(*Holding*) × *Treat*						0.018* (1.929)	
Ln(*ESOP Employee*) × *Treat*							−0.009* (−1.879)
控制变量	Yes	Yes	Yes	Yes	Yes	Yes	Yes
年度效应	Yes	Yes	Yes	Yes	Yes	Yes	Yes
行业效应	Yes	Yes	Yes	Yes	Yes	Yes	Yes
观测值	648	648	648	648	631	604	648
调整后的 R^2	0.017	0.015	0.013	0.095	0.020	0.030	0.018

注：为节省空间，我们省略了控制变量、年度和行业虚拟变量的回归结果，Yes 代表控制了相应变量。括号内为经行业集聚效应调整的标准误计算得到的 t 值，*** 、** 和 * 分别表示估计系数在 1% 、5% 和 10% 的显著性水平下显著。

四、员工持股计划的市场反应：员工学历程度的调节作用

在这一部分，我们主要考察员工学历程度对员工持股计划的市场反应的调节作用。由于员工持股计划的市场反应应该取决于 ESOP 可能的作用，或者是员工在企业中可能发挥的作用大小。我们通过核对整理上市公司员工教育程度的指标，计算得到了上市公司本科及以上学历员工占比的数据。对于学历程度越高的员工而言，他们在企业中发挥的作用可能也越大，对这类核心员工推行员工持股计划也将起到更强的激励效果。为了考察是否存在这种影响，我们按照模型（6－5）进行回归检验：

$$CAR_{i,t} = \alpha + \beta_1 Treat_{i,t} + \beta_2 Education_{i,t-1} + \beta_3 Treat_{i,t} \times Education_{i,t-1} + \gamma Controls_{i,t-1} + \varepsilon_{i,t} \tag{6-5}$$

在模型（6－5）中，我们感兴趣的是 *Treat* 与 *Education* 的交互项的估计系数 β_3，由表 6－10 的第（2）列结果可以看到，交互项系数在 1% 的水平下显著为正，表明推行员工持股计划的企业员工教育水平越高，则市场反应越显著，这也确实反映出员工持股计划的激励作用会随着员工对企业所发挥作用的增加而上升。

五、员工持股计划方案的影响差异

由已有的分析，我们发现员工持股计划确实能够给企业带来短期的市场反应，并且这种公告效应在不同所有权性质和员工学历程度的企业存在显著差异。在这一部分，我们主要从员工持股计划实施方案的不同来考察其是否会影响投资者的反应。由 Wind 数据库提供的各上市公司推行员工持股计划的具体信息，我们分别构建了变量 *Money Source*、*Stock Source*、*Ln*(*Money*)、*Ln*(*Holding*) 和 *Ln*(*ESOP Employee*)，其中 *Money Source* 为资金来源虚拟变量，若员工持股计划中资金来源包含“员工薪酬及自筹资金”类型时，取值为 1，否则为 0。*Stock Source* 为股票来源虚拟变量，若员工持股计划中股票来源包含“认购非公开发行”类型时，取值为 1，否则为 0。*Ln*(*Money*)、*Ln*(*Holding*) 和 *Ln*(*ESOP Employee*) 分别为员工持股计划初始资金规模、预计持股数量和授予员工人数的自

然对数值[①]。我们按照模型（6-6）进行回归检验：

$$CAR_{i,t} = \alpha + \beta_1 Treat_{i,t} + \beta_2 Treat_{i,t} \times Plan_{i,t} + \gamma Controls_{i,t-1} + \varepsilon_{i,t} \quad (6-6)$$

其中，*Plan* 为员工持股计划实施方案的代理变量，包括 *Money Source*、*Stock Source*、*Ln*(*Money*)、*Ln*(*Holding*) 和 *Ln*(*ESOP Employee*)。由于引入 *Plan* 的单项进行回归会因为共线性而无法估计，因此这里并未在模型中加入该项变量。同样，我们主要关注模型（6-6）中交互项 β_2 的回归系数。

表6-10的第（3）~（7）列报告了员工持股计划实施方案对市场反应的影响结果，由结果来看，当资金来源包含“员工薪酬及自筹资金”、股票来源包含“认购非公开发行”时，投资者对该计划的市场反应更强烈。Babenko 和 Sen（2015）利用美国雇员股票购买计划（Employee stock purchase plans，ESPPs）的独特数据发现，员工对公司股票的总购买量能较好地预测未来的股票收益。结合他们的结论，我们认为资金来源和股票来源均能体现企业员工对公司股票的看法。当员工愿意以自己的薪酬购买股票，或积极参与企业股票的定增方案时，这可能表明员工作为企业内部人拥有外部投资者无法掌握的信息，同时也在一定程度上反映了员工对所属企业未来业绩的信心。因此，资金来源和股票来源能够进一步提升投资者对员工持股计划的市场反应。同时，由第（6）列结果可知当企业实施员工持股计划涉及股票的规模越大时，该计划的公告效应也越大。最后一列考察了授予员工人数对公告反应的影响，以往的文献表明大规模的员工持股反而可能会导致“搭便车”的问题，从而降低了对员工的有效激励。我们的结果表明，当员工持股计划授予的员工人数较多时，确实会降低投资者对该公告的反应。

本章小结

随着“新国九条”和《指导意见》的相继颁布，通过引入员工持股完善企业激励机制、推动国企改革、建立现代企业制度又重新引起了各界的广泛讨论。鉴于员工持股计划在我国的实践历程中被屡次叫停，研究当前上市公司推出员工持股计划具有十分重要的意义。

---

① 部分实验组样本的员工持股计划草案中并未给出具体的资金规模和持股数量，这类样本不参与回归。对于控制组样本而言，变量 *Money Source*、*Stock Source*、*Ln*（*Money*）、*Ln*（*Holding*）和 *Ln*（*ESOP Employee*）的取值均为0。

本书结果一方面肯定了当前上市公司推出员工持股计划对企业的影响，特别是对国有企业而言，员工持股计划制度的引入能够较好地解决当前国有企业效率较低的问题。通过员工持股计划，将员工转变为企业的所有者，能够激励员工更好地从事企业生产经营工作，有效降低“激励不相容”的问题。我们的结论从实证的角度肯定了员工持股计划是当前推动国企改革、建立现代企业制度的有效途径。另一方面，我们也必须注意到员工持股计划的实施效果可能依赖于员工自身的特征。当员工的教育水平较高时，员工对企业发挥的作用可能也越大，这不仅能够增加员工获得企业分配股份的概率，也可以进一步提高员工持股对员工的激励效应。因此，企业在考虑实施员工持股计划时，也应该相应考量企业员工对企业的贡献程度，保证持股人员应与其所在岗位的重要性相匹配，从而更好地发挥员工持股计划对员工的激励效应，如将更多的股份分配给企业的核心人员或研发人员等。此外，鉴于员工持股计划的具体实施方案在不同企业中有所差异，我们的实证结果表明，企业在实施员工持股计划时，对于员工持股的资金来源或股票来源应以员工自有资金的投入或认购非公开发行股为主，这更能体现出员工持股是建立在对企业未来发展认可和价值增值认同的基础上。而对于授予员工人数方面，企业应适当考虑“搭便车”的问题，避免由于授予人数的规模较大，而丧失了持股计划原有的激励效应。

当然本书也存在一定的局限性，由于上市公司普遍处于员工持股计划的重启阶段，因此在当前阶段仅能通过投资者对员工持股计划公告的反映来考察该制度对企业的影响。在未来员工持股制度日趋成熟以及数据可得的情况下，还可以通过企业的长期绩效或行为来进一步检验员工持股计划对员工的激励效应。同时，已有文献也发现了员工持股计划对企业并没有显著的积极影响。例如，Meng et al.（2011）认为，当员工持股过于分散时，员工持股计划并不能有效地提高员工的积极性。结合我国实际情况，我们认为当授予员工人数规模较大时，一方面，容易造成“搭便车”的行为，使一部分员工由于能够享受到股票分配而降低了未来的工作动力；另一方面，可能会导致股票分配与员工对企业的贡献度不一致，使一部分企业的核心员工没有得到相应的激励而降低工作动力，这些都可能降低员工持股计划的激励效果。而从公司特征来看，公司自身的治理环境也可能影响员工持股计划的激励效果。当公司治理环境较差时，可能导致员工持股计划中股票分配不公平等问题。在这些情况下，员工持股计划都有可能导致市场给予负面反应，这也是未来可以需要进一步深入探讨的方向。

第七章　成本粘性与企业生产效率的实证研究

第一节　问题的提出

新古典经济学假设价格灵活波动，市场自动出清，理性人能在“看不见的手”指引下实现经济的长期均衡增长。而现实生活中常常出现的是以新凯恩斯主义主张的价格粘性的情况，工资和价格调整缓慢，具有“粘性”的特征。自20世纪80年代起，新凯恩斯主义经济学家提出了一系列精致的模型来解释工资与价格的粘性现象，包括相对工资理论、长期合同与交错工资理论、交错调整价格模型、菜单成本模型等。随着新凯恩斯主义的不断改进和发展，Mankiw 和 Reis（2002）提出了粘性信息的菲利普斯曲线模型（Sticky Information Phillips Curve），假设信息在经济主体间缓慢传播，认为粘性信息模型相对于传统粘性价格模型，能更加准确地说明货币政策对通货膨胀作用的延迟。Mankiw 和 Reis（2006）进一步建立了具有粘性信息的一般均衡理论模型，指出商品、劳动和金融市场中所存在的粘性，是由于人们在确定价格、工资与消费时存在信息粘性所致。Woodford（2008）也采用粘性信息分析方法来研究宏观经济政策的后果。综上所述，粘性信息理论代表了以“粘性”为基本假设的新凯恩斯主义经济理论的前沿发展，对于拓展和完善宏观经济理论具有深远意义（王军，2009；Mankiw 和 Reis，2002，2006）。

考虑到宏观现象必定存其微观基础，我们期望在微观层面考察粘性的经济后果，并为经济中广泛存在的粘性提供有益的补充和理解。因此，在本书中，我们引入经济学文献中“粘性”这一概念，并在企业微观层面通过“成本粘性”来具体化，以考察成本和费用粘性对于企业微观运行效率的影响和作用。①

在企业层面，传统的成本性态理论认为成本随业务量同幅度同方向增减变动，企业在资源配置和正常生产过程中，各种资源的投入和预计的业务量是互相匹配的。然而，传统结论是基于生产的理想化描述（孙铮等，2004），并没有考虑到管理层经营和成本管理决策的影响（Cooper and Kaplan，1998）。学术界对成本粘性的研究源于对传统成本模式的探讨和质疑，随着宏观经济波动，一方面，由于资产存在专用性的特点，当业务量下降的时候，企业在短期内无法及时有效地削减成本；另一方面，公司管理层可能出于维护个人私利或政治晋升等机会主义因素，使成本的下降具有“粘性”的特征，导致业务量减少时的成本减少量小于业务量等额增加时的成本增加量。这种成本变动和收入变动之间非线性的特征被学术界称为成本或费用“粘性”（Stickiness）（Noreen et al.，1997；Anderson et al.，2003）。

具体而言，我们在本书中选取成本粘性与企业生产效率这两种要素，并深入考察两者之间的关系，主要是出自两个考虑：一是虽然国内外学术界开始广泛认可成本粘性的存在，并逐渐深入挖掘其形成的原因。但是目前鲜有文献考察了成本粘性的经济后果（Weiss，2010；陈冬华，2014）。二是从企业生产效率（Total Factor Productivity，简称 TFP）来看，早期研究囿于数据的可得性，大多从国家、地区和行业角度对全要素生产率进行研究（Perkins 和 Rawski，2008；郭庆旺和贾俊雪，2005；涂正革和肖耿，2007）。随着微观企业数据的应用，围绕企业生产效率的相关研究也丰富起来，许多学者从不同角度对企业生产率进行了研究，包括外部金融环境（刘小玄和吴延兵，2009）、企业财务状况（Chen 和 Guariglia，2013）、市场环境（张杰等，2011；简泽和段永瑞，2012）、企业进出口贸易（戴觅和余淼杰，2012）、TFP 估算方法的优劣（鲁晓东和连玉君，2012），等等，但还没有从成本粘性这个角度切入来研究企业生产率的。这就为本书进一步开拓成本粘性的经济后果，丰富企业生产效率的影响因素提供了良好的契机。

目前已有研究大多数是用 Anderson et al.（2003）的方法进行实证研究设计，

① 对于成本粘性现象的研究始于国外，Anderson et al.（2003）发现美国上市公司费用的确具有不对称性。而国内对于成本粘性的研究始于孙铮和刘浩（2004），他们对我国 1995 年 12 月 31 日前上市的 292 家企业在 1994—2001 年的管理费用和营业费用进行分析后证实了我国的上市公司也存在成本粘性的现象。刘武（2006）发现我国企业粘性存在行业差异。万寿义和徐圣男（2012）发现国有上市公司的成本粘性要高于非上市公司，且金融危机后提高了成本粘性，但非国有企业提高幅度较大。

而该方法多用来考察成本粘性的影响因素，而鲜有用于分析其经济后果。因此，我们采用 Weiss（2010）的实证计量方法对成本粘性这一概念进行模型量化，将成本粘性作为自变量进行研究，考察我们的第一个问题：在企业的经营过程中，成本粘性的产生是否会对企业的经营产生影响，以及产生何种影响？另外，从微观企业层面看，我国企业具有特色的国有、民营、集体等不同的所有权性质；从宏观地区差异和行业竞争层面来看，我国各地区在市场化进程、政府干预和产品市场竞争方面存在显著差异。因此，我们试图回答第二个问题：成本粘性对企业经营的影响是否会在不同的宏微观背景下展现出不同的特征？

本书主要的学术贡献主要体现在三个方面：一是学术界研究成本粘性经济后果的文献较少，本书将成本粘性的经济后果延伸到了企业全要素生产率上，拓宽了研究视角，也丰富了企业生产率的影响因素方面的相关文献；二是区分了我国微观企业产权制度和宏观市场情况，分组考察了成本粘性对生产率的影响，发展了宏观政策与微观企业行为领域的文献，为我国进一步加强地方国企管理层监督、推进信息披露制度以及加快全国市场化进程步伐等政策提供了实践借鉴；三是引入《劳动合同法》这一外生冲击变量作为企业成本粘性的工具变量验证了研究对象，也为成本粘性定量模型的合理性和有效性提供了实证计量支持。

第二节　理论依据与研究假说

总体而言，现有学术研究基本围绕着成本粘性的存在性和成因因素展开。首先，国内外研究表明，企业确实存在着“成本粘性”的现象（孙铮等，2004；孔玉生等，2007；Banker et al. 2011）。其中，Anderson et al.（2003）以美国公众公司的销售和管理费用（SG&A）为研究对象，首次通过大样本的实证检验证实了美国公众公司存在着成本粘性问题，他们发现，当销售额增长 1% 时，SG&A 平均上升 0.55%，而当销售额下降 1% 时，SG&A 只减少 0.35%。Weidenmier 和 Subramaniam（2003）检验了销售费用、管理费用和销售成本的粘性问题，发现当业务量的变动较小时，粘性并不明显，只有当业务量变动增大至 10% 以上时，粘性才会出现。孙铮和刘浩（2004）发现与美国上市公司相比，中国上市公司存在着更为严重的费用粘性，且费用粘性会随着时间跨度的拉长而明显降低，体现出反转的特质。陈磊等（2012）认为，现有研究忽略盈余管理的因素会造成基于传统成本粘性模型估计出的中国上市公司的粘性被普遍严重高估。

其次，已有文献大多数是针对成本粘性的形成机理进行深入考察，这种成因包括调整成本、管理者预期和代理问题等（Banker et al.，2013；江伟等，2011；陈冬华等，2014）。具体来说：第一，调整成本观点认为，当管理者增加或减少对各种资源的投入承诺时，企业就会产生调整成本，如对员工的遣散费、离职金和招聘培训新员工支出，或是对减少机器设备的处置成本和增加机器设备时的运输和安装成本。Pfann et al.（1993）认为，企业减少承诺资源的成本要高于增加承诺资源的成本，故形成了成本随企业业务量升降变动幅度的非对称性。第二，管理者预期观点认为，平均来看企业业务量的长期趋势是逐渐增长的，因此，管理者对于企业未来销售量的预期更可能是乐观的而非悲观地估计。若当前销售量下降，管理者更不愿意减少各种承诺资源，一是减少资源会产生更高的调整成本，二是当经济回暖或繁荣的时候，企业又需要重新新增这些被削减的资源。而若当前销售量上升的时候，管理者更愿意增加各种承诺资源，因为企业未来会需要更多的这些资源，这就产生了成本粘性。Balakrishnan 和 Grica（2008）利用加拿大医院的成本数据进行分析时，发现在这些医疗机构中，诊疗护理等核心业务的成本费用的粘性程度远远高于其他辅助诊疗、后勤行政等支撑服务的成本粘性，这说明了管理层希望未来保持核心竞争力的主观意愿是企业成本粘性形成的关键因素。Anderson et al.（2003）发现，当企业连续两年销售额下降时，管理层乐观预期会减弱，从而弱化了企业的成本粘性，而当宏观经济增长时，管理层乐观预期会增强，进行强化企业的成本粘性。第三，代理问题观点：Calleja et al.（2006）、Chen et al.（2008）、Dierynck 和 Renders（2009）分别从公司治理模式、公司治理结构以及盈余管理动机等方面支持了代理问题会对成本粘性产生影响，管理层的“构建帝国”行为越强，公司治理结构越差，业绩较差的公司需要信息披露时会有较强的盈余管理动机，这些都会导致成本粘性的增强。陈冬华等（2014）考察了成本粘性对上市公司盈余信息质量的影响以及其在以上三种成因下影响的差异，发现当公司调整成本越大、管理层预期较为乐观以及代理问题较严重时，费用粘性对盈余反应系数的负向影响越强。

可以看到，现有文献从多种角度验证了成本粘性的存在以及成本粘性形成的原因，但研究成本粘性的经济后果的文献还十分缺乏。Weiss（2010）重新考虑了成本粘性的衡量方式，研究发现公司粘性会影响公司盈余分布的波动性，这些盈余的波动给分析师造成困扰，降低了分析师盈余预测的准确性。并且由于投资者意识到成本粘性对财务分析师预测会计盈余的负面影响，投资者在投资时会较少地依赖已实现的会计信息，从而导致在成本粘性较强的企业中，市场对未预期会计盈余的反应较弱。

本书拟从企业生产效率的角度来探析成本粘性的经济后果。已有研究中对企业生产率的分析主要集中在外部金融环境、市场环境、企业进出口贸易和TFP的各种估算方法，尚无从成本粘性的角度对其进行研究的。我们由文献中关于成本粘性的成因可知，当劳动保护加强、企业工会谈判力增强、企业固定资产存在较高调整成本或是出于管理层主观意愿和主动盈余管理行为等前文所述因素导致的企业成本粘性上升的时候，会增加企业的用工调整成本及其他生产经营资源的调整成本，使企业无法或主观不愿意根据外部需求发生变化时自如调整人力和资本投入，特别是相对于销售额上升时成本的增加，企业在销售额下降时更加无法自如地削减成本（Pfann et al.，1993），从而使企业不能及时地调整生产经营资源，进而导致企业经营的灵活性和生产效率的降低。据此，我们提出假说1：

假说1：当企业成本粘性越高时，企业生产效率越低。

我们接下来试图从一些微观企业制度、宏观区域和市场环境的角度来探讨，进而丰富假说1的内容。

第一，对于我国国有企业来说，由于国有产权制度和治理结构的缺陷，相对于非国有企业，国有企业对经营者监控乏力，内部人控制现象严重。由于政府部门在下放了企业的经营管理权的同时，却没能有效地控制和监督企业经营者的行为，致使国企经营者能够为牟取个人私利而损害企业出资者的权益（黄兴孪等，2009）。平新乔等（2003）研究发现，由于对经理人员的监督低效率等原因，中国国有企业效率只达到了30%—40%。内部人控制使经营者有更大的能力为自己增加薪酬和拓展资源，从而提高了成本粘性。从非国有企业看，由于产权比国有企业清晰，所有者对经营者监督的积极性更高，因此在非国有企业中职业经理人难以获得“内部人”控制。例如，Anderson和Reeb（2003）对美国的研究指出，家族股东比其他股东更具有动力监督经理人，家族上市公司的价值要显著高于非家族企业。

第二，国企的代理问题更加突出（罗宏和曾永良，2015）。一是国有企业管理层会尽可能地扩大投资规模，通过粗放追加生产要素的模式获得产出与利润的增加，而不必担心投资亏损，因为有政府作为“最后兜底人”，国有企业普遍存在着过度投资、管理松弛的现象；二是由于大多数国有企业能够利用工资政策的漏洞为国企员工发放福利补贴和隐性收入，再加上国有企业管理层货币薪酬长期受到严格管制，而我国又缺乏对国有企业成本费用披露的有效规定，国企在职消费是一个普遍存在的现象（陈冬华等，2005），并且一些国企管理层在职消费情况严重，随意性强，过多过滥，甚至处于失控状态（罗宏等，2008）；三是由于国有企业国有控股比例高，难以建立有效的管理层激励机制，管理层对公司的剩余索取权较低，当企业收入下降甚至出现亏损的时候，为了维持或提升自己的高管地位，获取更多的在职消费，管理层有强烈的动机采取“洗大澡”的盈余管理方式，造成与业务量下降相对应的成本“刚性”。这些机会主义行为体现了国有企业股东与管理层之间存在更为严重的代理问题，从而增加了国有企业的成本粘性。

第三，我们进一步细分地方国有企业和中央国有企业（孔东民和谭伟强，2011；夏芸和唐清泉，2011），由于国有企业具有不同的行政级别（陈德球等，2011），中央国有企业和地方国有企业所受约束不同（夏立军等，2005）、政府干预程度不同（潘红波等，2008）以及经营目标市场化程度不同（夏纪军等，2008），其行为会存在显著差异。那么地方控股与中央控股的企业的成本粘性会表现出怎样的差异呢？在中国的现行行政架构下，由于行政分权，中央政府的角色更像是一个委托人，而地方政府的角色更类似于一个代理人。中央政府更可能约束自身的行为，注意自身的形象，对中央企业高管的监督较为严格（Richard 和 Xu，2004）。与此同时，央企的高管与政府官员关系密切，出于政治晋升的考虑会更加关注企业声誉以及个人政治前途，由于承担着更大的社会性职能，为避免不当行为可能带来的负面影响，央企管理层会相应地自我约束其机会主义行为，因此，央企的高管在考虑企业的生产战略中，更多地受到中央政策的引导，而不是基于自身薪酬的考虑。而对地方控股企业而言，改革开放后，地方政府与企业的相互依赖性较强（权小锋等，2010），鉴于地方政府在一定程度上需要上市公司提供支持，如扩大就业、增加税收、维持稳定等（林毅夫等，2004），因此地方政府更可能对地方国企高管的机会主义行为采取包庇和容忍的态度（辛清泉，2007）。另外，地方国企高管的政治前途较为有限，其寻求私有收益的代理行为比较严重。这种种因素加重了地方国企高管相对于央企的机会主义行为，因此在地方国企中这种成本粘性现象会更为突出，成本粘性对生产率的抑制作用也就表现更为显著。综上所述，我们提出假说2：

假说2：相对于非国有企业，国有企业中成本粘性对生产率抑制作用更强，其中，地方国有企业表现尤为显著。

在我国，由于地理、历史、区域经济政策和政策实施效果的不同，以及我国在推进市场化改革中所采取的区域非均衡性策略，导致我国地区间的市场化程度差异较大。这种市场化程度的差异导致我国不同地区在原材料、劳动力和信息等生产要素的配置和流通状况差异也非常大，这将直接影响企业的成本费用行为和生产经营效率。因而，管理者在做出生产、经营、销售等决策时，总需要考虑其所面临的市场环境约束。陈灿平（2008）选取沪深A股上市公司中的制造业为样本，研究发现在三大经济地区的企业费用粘性程度存在着显著的差异，其中东部企业费用粘性程度最弱，中部居中，而西部企业费用粘性程度最强。

如果企业面临的要素市场发育程度较高，那么其所需的各种要素能够更加容易地通过市场购入，相应地，在存在闲置的生产要素或生产要素结构不合理的情况下，也能够更加容易地通过市场进行处理或者进行结构调整（龚启辉等，2010）。反之，当企业处于要素市场化程度较低的地区时，企业需要过多地依赖长期契约的签订，才能确保生产经营资源地有效获得，这同时提高了调整生产要素的成本。例如，如果劳动力市场不发达，则对管理人员和销售人员及其工资的调整可能会比较困难或严重滞后，从而增加管理费用和营业费用的粘性；如果信息市场不发达，则整个企业的管理和销售活动无法根据市场状况做出及时地调整，从而管理费用和营业费用粘性也会提高。一旦企业高成本运营的生产经营状况持续下去，企业的成本粘性居高不下，不可避免将会导致企业生产效率的低下。据此，我们提出假说3：

假说3：市场化程度越低的地区，其企业的成本粘性对生产率的抑制作用更强。

目前，在有限的考察不同竞争市场的成本粘性的文献中，梁上坤等（2013）考察了2001—2007年中国上市公司数据，认为企业所处行业的竞争程度越高，其成本费用粘性越低。刘晋等（2015）基于2010—2013中国沪深主板上市企业数据，发现寡头市场的企业成本粘性显著强于垄断竞争市场企业。而Raith

(2003)、Aggarwal 和 Samwick (1999) 分别构建以相对成本和相对利润作为绩效评价依据的报酬激励合约，从公司价值方面关注其与产品市场竞争的关系，研究发现，产品市场竞争提高了管理者的努力水平，促进了公司绩效。但这些文章仅仅从单方面考察了市场竞争程度对成本粘性和企业绩效的影响，而并没有涉及市场竞争程度通过成本粘性这一中介是如何作用于企业绩效的。

通过这三者的综合考量，我们认为在竞争程度较高的行业中，产品和价格竞争都非常激烈，处在竞争市场上的企业，既希望确保自己没有比其他竞争对手付出更高薪酬和要素成本而产生更高的人力和资本成本，又希望自己提供的薪酬能够吸引并留住员工、对员工有足够的激励以及比竞争对手更快地降低要素成本。竞争性行业中的企业之间难以存在合谋，企业间的战略性互动也很困难，他们的生存模式相对单一，相对于竞争性行业中的其他上市公司，一旦一家公司成本粘性更强，在劳动、资本和信息等要素的成本调整上慢于同质企业，就会在竞争性行业中处于不利的位置，其业绩和生产效率也会受到显著的影响。因此，我们认为当竞争越激烈时，企业的成本粘性对生产率的抑制作用更强。

假说4：竞争程度越高的地区，其企业的成本粘性对生产率的抑制作用更强。

第三节　研究设计

一、数据来源

本书选取沪深两市 2004—2014 年共 11 年的所有 A 股上市公司为初选样本。样本中剔除了金融行业及财务数据缺失的样本观测值。同时，为消除极端值对研究结论的影响，我们对主要连续变量在 1% 和 99% 分位数上进行 Winsorize 处理。经过上述数据筛选过程，最终得到 10942 个公司年度观测值。

本书所用上市公司财务和治理数据来自国泰安 CSMAR 数据库和 CCER 色诺芬经济金融数据库，最终控制人数据来自于同花顺 iFinD 数据库整理而得；各地区市场化进程指数取自樊纲和王小鲁《中国市场化指数报告 2011 版》；行业分类依据中国证监会 2001 年颁布的《上市公司行业分类指引》，其中制造业由于数量众多且内部差异较大，取前两位代码分类，其他行业取第一位代码分类。

二、变量定义

（一）全要素生产率（TFP）

本书主要被解释变量是全要素生产率（TFP），它反映的是生产中不能归因于有形要素投入的那部分产出，衡量的是将投入转化为产出的总体生产效率，从而能够解释企业的自主创新研发能力、技术能力以及管理能力与组织效率等难以直接观测的方面（孔东民等，2014）。因而在计算上它往往是采用一种扣除可计量的有形投入的产出贡献的方法来衡量这些难以观测的因素所起到的综合效用。

在目前估计企业层面 TFP 的文献中，主要有三种方法：第一，参数法，如索洛残差法，即通过设定一个生产函数（如 Cobb – Douglas 生产函数），通过回归计算索洛残值作为 TFP 的衡量指标。这种传统 OLS 方法具有简单易懂利于操作的优势，是计算 TFP 的众多方法中有着悠久历史和最常用的一种用法。第二，半参数法，即将生产函数估计和非参数估计结合起来的 OP 方法（Olley 和 Pakes，1996）以及 LP 方法（Levinsohn 和 Petrin，2003），但囿于这两种计算方法中所需要的数据在上市公司数据库的可得性，当前文献主要将其应用于“中国工业企业数据库”（聂辉华等，2014；范剑勇，2014）。第三，非参数法：主要包括数据包络法 DEA、指数法和随机前沿法 SFA，这类方法的优点是，不用先验地对生产函数进行设定，是当前文献中比较前沿的算法（邓可斌等，2010；孔东民等，2014）。

综上所述，我们最终采用了 OLS 法、Tornqvist 指数法和 SFA 法分别对上市公司层面的全要素生产率进行测度。下面分别对这几种测度方法进行详细阐释。

1. OLS 法

首先假定基本的 Cobb – Douglas 生产函数形式：

$$Y = AK^{\alpha}L^{\beta} \tag{7-1}$$

其中，Y 表示产出，K 和 L 分别代表资本投入和劳动投入，A 即衡量全要素生产率水平。等式取对数后相应的计量模型为：

$$LnY = LnA + \alpha LnK + \beta LnL + u \tag{7-2}$$

通过估计出资本和劳动项的系数后，就可得到所需的生产率水平：

$$TFP = exp(LnY - \hat{\alpha}LnK - \hat{\beta}LnL) \tag{7-3}$$

2. Tornqvist 指数法

该指数法最早由 Cave 等（1982）提出，其结果代表着单个企业与一个虚拟的“行业平均企业”之间的相对效率。该方法能够避免对生产函数以及随机项分布做出各项假定，同时允许不同企业之间存在技术异质性（Brandt et al.，2012）。应用于仅包含资本和劳动投入的简单情况时，其估计式如下：

$$\ln TFP_{it} = (q_{it} - q_t) - 1/2(s_{it} + s_t)(l_{it} - l_t) - [1 - 1/2(s_{it} + s_t)](k_{it} - k_t) \tag{7-4}$$

其中，q_{it}、l_{it}和 k_{it}分别表示每个企业在 t 年的产出水平、劳动投入和资本投入的对数值。s_{it}表示单个企业的劳动投入占总投入的份额，q_t、l_t 和 k_t 和 s_t 分别表明 t 年度企业 i 所在行业的平均值。因此，在实际计算中，用此方法是分不同行业逐年计算行业中每一个企业的相对生产率水平。此公式适用于企业的增加值作为总产出，分别用员工人数和固定资产净值作为劳动投入和资本投入的衡量指标。

3. SFA 法（随机前沿法）

由于生产函数描述的是要素投入和其理论的最大产出水平之间的关系，而在实际中最大的产出水平是观测不到的，只有实际的产出水平才是可观测的。若我们将潜在的最大产出边界看作是生产前沿，那么可观测到的实际产出距离此生产前沿的距离即为此企业的技术利用效率。其中，将生产率进行分解：技术效率 TE 衡量的是公司在既定的技术水平和要素投入规模下，实际产出与以随机前沿生产函数衡量的生产可能性边界上可能的最大产出之间的垂直距离，若距离越大，技术效率越低；而技术进步 TP 表现为既定生产要素投入下，外生技术进步对生产可能性边界的外推或内移上。

对具体的生产函数形式，我们选择的是 Christensen（1971）的超越对数随机前沿生产函数模型，函数形式如下：

$$Y_t = \alpha_0 + \sum_j \alpha_j \ln x_{jt} + 1/2 \sum_j \sum_l \alpha_{jl} \ln x_{jt} \ln x_{lt} + \alpha_t t + 1/2 \alpha_{tt} t^2 + \sum_j \alpha_{tj} t \ln x_{jt} + v_t - u_t \tag{7-5}$$

各变量均取对数值。此处 v 表示企业的生产过程中的随机扰动，服从均值为 0 的正态分布，而 u 服从非负的截断正态分布，表示技术无效率水平。t 为时间因素。技术效率 *TE* 可用 $TE = e^{-u}$ 表示。该模型可以进一步分为两种：若为非时变模型，*u* 与 *v* 相互独立，则不存在技术进步项，近似的生产率测度即为 $TFP = TE = e^{-u}$；若为时变模型，还能衡量技术进步水平：

$$TP = \partial y / \partial t = \alpha_t + \alpha_{tt} + \sum_j \alpha_{tj} \ln x_j \tag{7-6}$$

则将技术效率和技术进步水平相加即可得近似的生产率测度：TFP = TE + TP。

时变模型和非时变模型在实证研究中均有应用。在本书检验发现数据适用非时变模型，故最终我们删去时间 t 的水平项和平方项，采用非时变模型进行企业生产率的测度。

（二）成本（费用）粘性

本书主要的解释变量为成本粘性，或称为费用粘性。以往的文献大多研究的是成本粘性的影响因素，因此大多采用 Anderson（2003）的模型进行研究。本书研究的是成本粘性的经济后果，故采用 Weiss（2010）的构造方法来衡量成本粘性：

$$Sticky_{i,t} = \log\left(\frac{\Delta COST}{\Delta SALE}\right)_{i,\underline{\tau}} - \log\left(\frac{\Delta COST}{\Delta SALE}\right)_{i,\bar{\tau}} \quad \underline{\tau}, \bar{\tau} \in \{t, \cdots, t-3\} \tag{7-7}$$

其中，$\underline{\tau}$ 是最近 4 个季度中营业收入 *SALES* 下降的时期，$\bar{\tau}$ 是最近 4 个季度中营业收入 *SALES* 上升的时期。其中 *SALES* 是利润表中的营业收入，*COST* 是利润表中的销售费用和管理费用之和。成本粘性意味着营业收入下降时成本下降的幅度小于营业收入上升时成本上升的幅度，所以按照定义概念，成本粘性的衡量应该为负值。因此，计算得出的 *Sticky* 数值越小，表明成本粘性越大。

（三）其他变量

参考简泽和段永瑞（2012）、张杰等（2011）和孔东民等（2014），我们分别从产权性质、企业所在省份的市场化进程程度和行业竞争度这三个方面来考察成本粘性对企业生产率的影响。其中，产权性质 *Soe* 根据 iFinD 数据库中的最终控制人类型我们将上市公司分为中央国企、地方国企和非国有企业三个类型。

市场化进程测度 *Mktindex* 来自樊纲等（2011）编制的市场化指数，该指数通过对我国 31 个省、直辖市和自治区在减少商品市场上的地方保护、对生产者合法权益的保护、知识产权保护、减少政府对企业的干涉以及金融业的市场化等6个方面的指数加权综合计算所得。指数取值越高，表明该地区的市场化进程程度越高。

行业竞争度 *HHI* 利用赫芬达尔—赫希曼指数计算得到，等于该行业内所有企业的市场占有率（用销售额度量）的平方和，*HHI* 取值范围在0到1区间，若取值越小，代表行业竞争程度越激烈，反之则行业垄断程度越高。

对于主要控制变量，参考已有文献和学术习惯，我们引入了常规控制变量、公司治理控制变量和信息披露控制变量，具体变量定义如表7－1所示。

表7－1　　变量定义

变量	定义与计算公式
Tfp_ols	使用 OLS 法计算出的上市公司生产率值
Tfp_tornqvist	使用 Tornqvist 指数法计算出的上市公司生产率值
Tfp_sfa	使用 SFA 法（随机前沿法）计算出的上市公司生产率值
Sticky	成本（费用）粘性
Lnsize	上市公司总资产的自然对数
Lev	上市公司资产负债率：总负债/总资产
Age	上市公司的上市年限
Growth	上市公司销售收入的年增长率
Instirate	上市公司机构持股比例
Duality	上市公司本年度董事长与总经理是否由一人承担：duality =1，代表兼任；duality =0，代表不兼任
Outratio	独立董事总人数占董事会规模比重①
SYNCH	股价同步性测度 R2 的正态化②
Da_jones_mod	修正的 Jones 模型计算的上市公司的盈余质量③
Mktindex	企业所在省份的市场化进程程度

① 证监发〔2001〕102号《关于在上市公司建立独立董事制度的指导意见》规定：2002年6月30日前，董事会成员中应当至少包括2名独立董事；在2003年6月30日前，上市公司董事会成员中应当至少包括1/3独立董事。

② 参考 Gul et al.（2010）以及王艳艳和于李胜（2013）采用市场模型回归模型的 R^2 计算个股股价的同步性，通过回归估计得到 R^2 之后，借鉴 Durnev et al.（2004）的方法进行正态化，得到公司的股价同步性测度 *SYNCH*。

③ 计算方法参照 Jones（1991）和孔东民等（2013）。

续表

变量	定义与计算公式
Soe	产权所有制虚拟变量：若为中央国企，取值为1；若为地方国企，取值为2；若为非国有企业取值为0
HHI	赫芬达尔—赫希曼指数，测量行业集中度的指标
Laborlaw	《劳动合同法》颁布的虚拟变量：颁布之后设为1，颁布之前设为0
Province	各上市公司所在省份
IndustryDummy	行业虚拟变量
YearDummy	年度虚拟变量

三、模型设定

首先，针对假说1，检验中国上市企业的成本粘性是否以及如何影响企业的生产效率，本书主要模型设定如下：

$$TFP_{i,t}=\beta_0+\beta_1 Sticky_{i,t}+\sum Controls_{i,t}+\varepsilon_{i,t} \quad (7-8)$$

其中，*TFP* 为企业的全要素生产率，分别由 OLS 法（*Tfp_ols*）、Tornqvist 指数法（*Tfp_tornqvist*）和 SFA 法（*Tfp_sfa*）测算得到。*Sticky* 为模型（7－7）计算得到的企业成本粘性，若 *Sticky* 值越小，则成本粘性越大。*Controls* 为控制变量，具体包括企业规模的自然对数 *Lnsize*、上市公司资产负债率 *Lev*、公司上市年限 *Age*、上市公司销售收入的年增长率 *Growth*、机构持股比例 *Instirate*、两职合一虚拟变量 *Duality*、独立董事占董事会规模比重 *Outratio*、股价同步性测度 *SYNCH*、上市公司的盈余质量 *Da_jones_mod*、樊纲市场化进程指数 *Mktindex*。同时，模型中还加入了行业和年度虚拟变量。若成本粘性对企业生产效率确实存在抑制作用，则 β_1 系数显著为正。

进一步地，通过颁布《劳动合同法》的政策冲击（*Laborlaw*）作为成本粘性的工具变量来进行识别检验，采用两阶段工具变量法。

最后，针对假说2、假说3、假说4，我们分别对产权性质 *Soe*、企业所在省份的市场化进程程度 *Mktindex* 和行业竞争度 *HHI* 进行分组考察模型（7－8），以期进一步区分出在不同制度和宏观环境下的成本粘性对企业生产效率的不同影响。

第四节　实证结果与分析

一、描述性统计

表7－2报告了主要变量的描述性统计结果与皮尔森相关系数矩阵。如表7－2所示，用OLS法、Tornqvist指数法和SFA法测算得到的TFP均值分别为4.690、1.688和0.056。基于TFP测度的标准差可以发现，上市公司的生产效率存在较大差异。成本粘性的均值为－0.137，与预期的成本粘性走势相符，标准差为1.855，表明我国存在着不同程度的成本粘性现象。行业竞争度*HHI*均值为0.005，表明我国行业的竞争程度较高。

表7－2　　　　描述性统计与主要变量相关系数矩阵

Panel A：描述性统计

变量	观测值	均值	标准差	最小值	最大值
Tfp_ols	10942	4.690	0.669	1.767	8.406
Tfp_ιornqvist	10942	1.688	1.760	0.009	21.856
Tfp_sfa	10942	0.056	0.039	0.011	0.516
Sticky	10942	－0.137	1.855	－5.196	5.149
Lnsize	10942	21.814	1.225	18.798	25.204
Lev	10942	0.480	0.224	0.049	1.606
Age	10942	10.185	5.448	1.000	25.000
Growth	10942	0.184	0.485	－0.748	3.936
Instirate	10942	0.342	0.244	0.000	0.863
Duality	10942	0.189	0.392	0.000	1.000
Outratio	10942	0.366	0.049	0.333	0.556
SYNCH	10942	－0.268	0.629	－5.065	1.856
Da_jones_mod	10942	0.008	0.091	－0.495	0.479
Mktindex	10942	8.888	2.088	0.380	11.800
Soe	10942	0.898	0.905	0.000	2.000
HHI	10942	0.005	0.003	0.002	0.013
Laborlaw	10942	0.793	0.405	0.000	1.000

续表

Panel B：皮尔森相关系数					
	Tfp_ols	*Tfp_tornqvist*	*Tfp_sfa*	*Sticky*	*Laborlaw*
Tfp_ols	1				
Tfp_tornqvist	0.6835*	1			
Tfp_sfa	0.7546*	0.5479*	1		
Sticky	0.0271*	0.0205	0.0067	1	
Laborlaw	-0.0555*	0.0306*	-0.0189	-0.0287*	1

注：* 表示相关系数在1%的显著性水平下显著。

对主要变量求皮尔森相关系数，我们发现，三种测度下的生产率（*Tfp_ols*、*Tfp_tornqvist*、*Tfp_sfa*）两两之间的相关系数都达到了0.50以上，且均在1%的显著性水平下显著，表明这三种测度度量的生产率具有较强的正相关性。而成本粘性的代理变量 *Sticky* 与三种TFP均为正相关关系，即成本粘性越大（*Sticky* 越小），生产率越小，与我们的预期相符，但仅有 *Tfp_ols* 的测度是显著的。再者，成本粘性的工具变量 *Laborlaw* 与 *Sticky* 的相关系数是负显著的，表明《劳动合同法》颁布之后成本粘性变大（*Sticky* 越小），这也符合现实情况。当然，目前只是一个粗略的相关关系，后文我们会加入一系列控制变量进行深入的讨论。

二、实证分析：成本粘性与企业生产效率

我们首先检验研究假说1，在加入控制变量，并控制了行业和年度的固定效应之后进行主回归分析，得到表7-3。由表7-3可知，*Sticky* 的系数在第1列至第3列中均在5%的显著性水平下正显著，这表明，成本粘性越大（*Sticky* 越小）的情况下，企业的生产效率越低，假设1得到了经验证据的支持。

表7-3　　成本粘性与企业生产效率的回归结果

VARIABLES	(1)	(2)	(3)
	Tfp_ols	*Tfp_tornqvist*	*Tfp_sfa*
Sticky	0.0060** (0.003)	0.0153** (0.007)	0.0004** (0.000)
Lnsize	0.2123*** (0.005)	0.8876*** (0.014)	0.0082*** (0.000)

续表

VARIABLES	(1)	(2)	(3)
	Tfp_ols	*Tfp_tornqvist*	*Tfp_sfa*
Lev	0.4130***	0.7536***	0.0239***
	(0.030)	(0.072)	(0.002)
Growth	0.1717***	0.2087***	-0.0015***
	(0.015)	(0.032)	(0.001)
Age	-0.0037***	-0.0067**	-0.0006***
	(0.001)	(0.003)	(0.000)
Instirate	0.0207	-0.1192**	-0.0028*
	(0.025)	(0.059)	(0.001)
Duality	-0.0098	-0.0751**	-0.0014*
	(0.014)	(0.032)	(0.001)
Outratio	-0.0478	0.8763***	-0.0099*
	(0.103)	(0.249)	(0.006)
SYNCH	0.0224**	0.0082	0.0011
	(0.011)	(0.026)	(0.001)
Da_jones_mod	0.1955***	-0.5262***	0.0064
	(0.073)	(0.183)	(0.005)
Mktindex	0.0328***	0.0241***	0.0024***
	(0.003)	(0.007)	(0.000)
Constant	-0.3019***	-18.2960***	-0.1417***
	(0.116)	(0.297)	(0.007)
Industry Fixed Effect	Y	Y	Y
Year Fixed Effect	Y	Y	Y
Observations	10942	10942	10942
Adj-R-squared	0.372	0.476	0.280

注：本表检验企业的成本粘性如何影响企业生产效率。为了节省空间，我们省略了年度和行业虚拟变量的回归结果。Adj-R-squared 为调整后的 R^2。回归系数下面一行括号中为经过怀特异方差修正后的标准误，***、** 和 * 分别表示估计系数在 1%、5% 和 10% 的显著性水平下显著。

再看控制变量，也基本符合现实情况。当公司基本面越好，如公司的规模越大、信贷资源越好、公司成长性越好、所处地区市场化进程越高、公司治理水平相对越好的时候，上市公司的生产效率越高。

三、引入成本粘性的工具变量：《劳动合同法》

为了减弱可能是低的企业生产效率具有高成本粘性的内生性问题，我们引入2008年《劳动合同法》颁布的这一外生政策冲击作为成本粘性的工具变量来进行识别检验。《劳动合同法》明确规定了劳动合同的订立、约定试用期的限制、试用期的最低工资要求、无固定期限劳动合同的使用以及劳动合同终止时的提前告知和经济补偿金制度等。在严格的劳动法下，企业的用工调整成本将非常高昂。与1995年《劳动法》相比，2008年《劳动合同法》的颁布在很大程度上加强了劳动者的权益保护，在裁员限制、经济补偿等诸多方面都有所体现（唐跃军和赵武阳，2009；黄平，2012）。刘媛媛和刘斌（2014）发现《劳动合同法》加剧了企业的人工成本粘性。Banker et al.（2013）利用19个OECD国家的上市公司数据发现，劳动保护法律指数的差异是影响成本粘性的重要因素。劳动保护指数越强的国家，企业的成本粘性越大。因此《劳动合同法》在一定程度上会提高企业的员工成本粘性，但是并没有确切证据表明《劳动合同法》会影响到企业的生产率TFP，因此是成本粘性的一个合适的外生工具变量。因此，我们对《劳动合同法》的颁布设立虚拟变量，若观测值处于2008年及以后，则取值为1，否则为0。

在进行二阶段工具变量回归之前，先进行弱工具变量检验，并判断检验变量*Sticky*是否外生。从第一阶段弱工具变量检验结果可知，在只有一个工具变量的情况下，得到的F值大于10，且弱工具变量检验Cragg－Donald统计量为13.156，大于15%偏误下的临界值8.96，即拒绝弱工具变量的假设（尹志超，2010）。Durbin－Wu－Hausman的P值均小于0.01，故拒绝成本粘性*Sticky*外生的原假设，需要用到工具变量法IV来进行估计。故我们再进行工具变量的两阶段回归，由于我们使用的工具变量IV本身也是虚拟变量，和行业年度的虚拟变量之间存在很强的共线性，在二阶段工具变量回归中无法直接控制行业和年度的固定效应，因此我们仿照Giannetti et al.（2015）的做法，对因变量进行调整，分行业分年度减去其均值，再进行二阶段回归就控制了其行业和年度效应，回归结果见表7－4。

如表7－4所示，第一阶段回归的*Laborlaw*的系数显著为负，说明《劳动合同法》的颁布会提升企业的成本粘性（即降低*Sticky*），与我们的期望一致。

而将第一阶段 *Sticky* 的拟合值代入第二阶段进行回归后发现系数显著为正，与表 7 - 3 结果一致。说明引入《劳动合同法》这一工具变量后，我们进一步验证了成本粘性会降低企业生产效率这一事实。

表 7 - 4　　引入成本粘性的工具变量《劳动合同法》的回归结果

VARIABLES	第一阶段回归	第二阶段回归		
	Sticky	*Tfp_ols_adj*	*Tfp_tornqvist_adj*	*Tfp_sfa_adj*
Laborlaw	- 0. 1768 *** (0. 050)			
Sticky		0. 4554 *** (0. 151)	1. 7568 *** (0. 531)	0. 0133 ** (0. 006)
Lnsize	- 0. 0289 (0. 018)	0. 1891 *** (0. 011)	0. 7898 *** (0. 038)	0. 0073 *** (0. 000)
Lev	0. 0611 (0. 097)	0. 2967 *** (0. 054)	0. 4548 ** (0. 187)	0. 0190 *** (0. 002)
Growth	0. 3632 *** (0. 040)	- 0. 0030 (0. 060)	- 0. 4187 ** (0. 211)	- 0. 0061 *** (0. 002)
Age	0. 0098 *** (0. 004)	- 0. 0106 *** (0. 002)	- 0. 0294 *** (0. 008)	- 0. 0008 *** (0. 000)
Instirate	0. 1718 ** (0. 086)	- 0. 0613 (0. 044)	- 0. 3836 ** (0. 158)	- 0. 0042 ** (0. 002)
Duality	0. 0264 (0. 046)	- 0. 0078 (0. 025)	- 0. 0704 (0. 087)	- 0. 0011 (0. 001)
Outratio	0. 5189 (0. 365)	- 0. 3476 * (0. 201)	- 0. 2017 (0. 707)	- 0. 0191 ** (0. 008)
SYNCH	0. 0404 (0. 031)	0. 0206 (0. 017)	0. 0436 (0. 061)	0. 0010 (0. 001)
Da_jones_mod	0. 4166 * (0. 219)	- 0. 0641 (0. 136)	- 1. 3818 *** (0. 474)	- 0. 0012 (0. 006)
Mktindex	0. 0058 (0. 008)	0. 0260 *** (0. 005)	0. 0105 (0. 016)	0. 0020 *** (0. 000)

续表

VARIABLES	第一阶段回归	第二阶段回归		
	Sticky	*Tfp_ols_adj*	*Tfp_tornqvist_adj*	*Tfp_sfa_adj*
Constant	0. 1397 (0. 391)	-4. 1730*** (0. 205)	-16. 6828*** (0. 740)	-0. 1661*** (0. 008)
Observations	10942	10942	10942	10942
第一阶段弱工具变量检验				
Cragg - Donald F 统计量	13. 156			
Stock - Yogo bias critical value	8. 96（15%）			
内生性检验				
Durbin - Wu - Hausman		140. 431	24. 694	31. 449
P - value		0. 0000	0. 0000	0. 0000

注：本表引入成本粘性的工具变量《劳动合同法》进行两阶段工具变量法回归。为了节省空间，我们省略了年度和行业虚拟变量的回归结果。Adj - R - squared 为调整后的 R^2。回归系数下面一行括号中为经过怀特异方差修正后的标准误，*** 、** 和 * 分别表示估计系数在 1% 、5% 和 10% 的显著性水平下显著。

第五节　扩展性检验

一、成本粘性与企业生产效率：基于不同产权性质的结果

为了考察成本粘性对不同产权公司生产效率影响的差异，我们按照 iFinD 数据库最终控制人产权性质将全部样本划分为中央政府控制企业、地方政府控制企业（含省属、市属和县属国企）以及非国有企业三类，分组进行模型（7 -8）回归，回归结果见表 7 -5 和表 7 -6。

从表 7 -5 和表 7 -6 中我们可以看到，在三种不同测度的 TFP 下，只有国有企业呈现出当成本粘性越高（即 *Sticky* 越小）时企业生产效率越低的性质。进一步区分国有企业为中央企业和地方企业，我们发现这一特征仅仅体现在地方国有企业，而在中央企业中系数并不显著。因此，与我们的假说 2 相符合。

表 7-5 对产权所有制进行分组的回归结果

VARIABLES	*Tfp_ols*	*Tfp_ols*	*Tfp_tornqvist*	*Tfp_tornqvist*	*Tfp_sfa*	*Tfp_sfa*
	非国企	国企	非国企	国企	非国企	国企
Sticky	0.0014 (0.004)	0.0120*** (0.004)	0.0121 (0.009)	0.0189** (0.009)	0.0002 (0.000)	0.0006*** (0.000)
Lnsize	0.2464*** (0.009)	0.2133*** (0.007)	0.8484*** (0.027)	0.9505*** (0.017)	0.0103*** (0.001)	0.0080*** (0.000)
Lev	0.4562*** (0.044)	0.3370*** (0.042)	0.8536*** (0.104)	0.6057*** (0.097)	0.0268*** (0.003)	0.0211*** (0.002)
Growth	0.1753*** (0.023)	0.1545*** (0.019)	0.1777*** (0.046)	0.2096*** (0.045)	-0.0013 (0.001)	-0.0024*** (0.001)
Age	-0.0022 (0.002)	-0.0032** (0.002)	0.0018 (0.005)	-0.0056 (0.004)	-0.0007*** (0.000)	-0.0005*** (0.000)
Instirate	0.0522 (0.037)	0.0437 (0.034)	0.0542 (0.091)	-0.1647** (0.082)	0.0023 (0.002)	-0.0041** (0.002)
Duality	-0.0405** (0.018)	0.0123 (0.021)	-0.1399*** (0.045)	-0.0445 (0.042)	-0.0020* (0.001)	-0.0021* (0.001)
Outratio	-0.0272 (0.149)	-0.0017 (0.142)	0.5453 (0.389)	0.8213** (0.325)	-0.0002 (0.008)	-0.0132 (0.008)
SYNCH	0.0457*** (0.016)	0.0252* (0.014)	0.0358 (0.040)	-0.0063 (0.033)	0.0037*** (0.001)	0.0001 (0.001)
Da_jones_mod	0.2174** (0.108)	0.0621 (0.098)	-0.6001** (0.284)	-0.4298* (0.235)	-0.0017 (0.008)	0.0093* (0.005)
Mktindex	0.0275*** (0.004)	0.0303*** (0.004)	0.0184 (0.012)	0.0198** (0.008)	0.0022*** (0.000)	0.0021*** (0.000)
Constant	-1.0892*** (0.207)	-0.2049 (0.144)	-17.6279*** (0.605)	-19.3023*** (0.347)	-0.1961*** (0.012)	-0.1286*** (0.008)
Industry Fixed Effect	Y	Y	Y	Y	Y	Y
Year Fixed Effect	Y	Y	Y	Y	Y	Y
Observations	5091	5851	5091	5851	5091	5851
Adj-R-squared	0.373	0.396	0.369	0.545	0.234	0.359

注：本表基于不同产权性质考察了企业的成本粘性如何影响企业生产效率。为了节省空间，我们省略了年度和行业虚拟变量的回归结果。Adj-R-squared 为调整后的 R^2。回归系数下面一行括号中为经过怀特异方差修正后的标准误，***、** 和 * 分别表示估计系数在 1%、5% 和 10% 的显著性水平下显著。

表 7-6　　　　细分国有企业的回归结果

VARIABLES	Tfp_ols	Tfp_ols	Tfp_tornqvist	Tfp_tornqvist	Tfp_sfa	Tfp_sfa
	中央国企	地方国企	中央国企	地方国企	中央国企	地方国企
Sticky	0.0033 (0.006)	0.0154*** (0.004)	0.0021 (0.013)	0.0267** (0.012)	-0.0002 (0.000)	0.0009*** (0.000)
Lnsize	0.2097*** (0.011)	0.2242*** (0.009)	0.9098*** (0.024)	0.9922*** (0.024)	0.0075*** (0.001)	0.0089*** (0.001)
Lev	0.0619 (0.076)	0.4451*** (0.049)	0.1636 (0.158)	0.8288*** (0.120)	-0.0018 (0.004)	0.0314*** (0.003)
Growth	0.1180*** (0.031)	0.1778*** (0.023)	0.1324* (0.077)	0.2499*** (0.056)	-0.0044*** (0.001)	-0.0012 (0.001)
Age	0.0020 (0.003)	-0.0064*** (0.002)	-0.0030 (0.006)	-0.0086** (0.004)	0.0002 (0.000)	-0.0009*** (0.000)
Instirate	-0.0638 (0.058)	0.1102*** (0.042)	-0.3497*** (0.133)	-0.0817 (0.103)	0.0013 (0.003)	-0.0057** (0.002)
Duality	0.0578 (0.045)	-0.0132 (0.023)	-0.0607 (0.089)	-0.0601 (0.048)	0.0039 (0.003)	-0.0039*** (0.001)
Outratio	0.0131 (0.257)	-0.0129 (0.172)	1.9609*** (0.542)	0.3394 (0.418)	-0.0033 (0.015)	-0.0123 (0.009)
SYNCH	-0.0232 (0.025)	0.0427** (0.017)	-0.0409 (0.054)	0.0016 (0.041)	-0.0009 (0.001)	0.0003 (0.001)
Da_jones_mod	-0.2654* (0.160)	0.2317* (0.120)	-0.9145*** (0.330)	-0.2129 (0.310)	-0.0183** (0.009)	0.0225*** (0.007)
Mktindex	0.0081 (0.007)	0.0363*** (0.004)	0.0198 (0.015)	0.0210** (0.010)	0.0007** (0.000)	0.0026*** (0.000)
Constant	0.0541 (0.261)	-0.4967** (0.196)	-18.3561*** (0.543)	-20.2164*** (0.496)	-0.1066*** (0.015)	-0.1535*** (0.011)
Industry Fixed Effect	Y	Y	Y	Y	Y	Y
Year Fixed Effect	Y	Y	Y	Y	Y	Y
Observations	1873	3978	1873	3978	1873	3978
Adj-R-squared	0.386	0.424	0.636	0.511	0.384	0.374

注：本表进一步细化国有企业，考察了不同性质国企的成本粘性如何影响企业生产效率。为了节省空间，我们省略了年度和行业虚拟变量的回归结果。Adj-R-squared 为调整后的 R^2。回归系数下面一行括号中为经过怀特异方差修正后的标准误，*** 、** 和 * 分别表示估计系数在 1%、5% 和 10% 的显著性水平下显著。

二、成本粘性与企业生产效率：基于不同市场化程度的结果

表7－7根据中位数将樊纲市场化指数分成了高低两组，并分组进行回归，考察在不同的市场化水平下企业的成本粘性如何影响企业的生产效率。经检验，如表7－7所示，我们发现只有在市场化程度较低的组别中，成本粘性对企业生产效率的抑制性才得以显著体现，而在市场化程度高的组别中无此规律。与我们的假说3相符。

表7－7　对樊纲市场化指数进行分组的回归结果

VARIABLES	*Tfp_ols*	*Tfp_ols*	*Tfp_tornqvist*	*Tfp_tornqvist*	*Tfp_sfa*	*Tfp_sfa*
	Mktindex 低	*Mktindex* 高	*Mktindex* 低	*Mktindex* 高	*Mktindex* 低	*Mktindex* 高
Sticky	0.0068* (0.004)	0.0047 (0.004)	0.0225** (0.009)	0.0060 (0.009)	0.0003* (0.000)	0.0003 (0.000)
Lnsize	0.2318*** (0.007)	0.1854*** (0.008)	0.9615*** (0.020)	0.7968*** (0.019)	0.0076*** (0.000)	0.0081*** (0.000)
Lev	0.2264*** (0.038)	0.6474*** (0.049)	0.6330*** (0.092)	0.9478*** (0.115)	0.0103*** (0.002)	0.0395*** (0.004)
Growth	0.1660*** (0.020)	0.1819*** (0.022)	0.2355*** (0.046)	0.1717*** (0.042)	－0.0014** (0.001)	－0.0015 (0.001)
Age	－0.0042** (0.002)	－0.0040*** (0.002)	－0.0049 (0.004)	－0.0095** (0.004)	－0.0005*** (0.000)	－0.0007*** (0.000)
Instirate	0.0902** (0.036)	－0.0316 (0.034)	－0.0259 (0.091)	－0.1630** (0.081)	0.0007 (0.002)	－0.0053** (0.002)
Duality	0.0253 (0.021)	－0.0371** (0.018)	0.0637 (0.055)	－0.1916*** (0.038)	0.0011 (0.001)	－0.0028** (0.001)
Outratio	－0.1355 (0.145)	0.0798 (0.149)	0.7773** (0.369)	1.0804*** (0.347)	－0.0094 (0.006)	－0.0091 (0.010)
SYNCH	0.0149 (0.014)	0.0279* (0.016)	0.0403 (0.034)	－0.0224 (0.038)	0.0003 (0.001)	0.0014 (0.001)

续表

VARIABLES	*Tfp_ols*	*Tfp_ols*	*Tfp_tornqvist*	*Tfp_tornqvist*	*Tfp_sfa*	*Tfp_sfa*
	Mktindex 低	*Mktindex* 高	*Mktindex* 低	*Mktindex* 高	*Mktindex* 低	*Mktindex* 高
Da_jones_mod	0. 0760 (0. 100)	0. 2603 ** (0. 105)	-0. 5781 ** (0. 246)	-0. 6087 ** (0. 269)	-0. 0008 (0. 005)	0. 0083 (0. 008)
Mktindex	0. 0532 *** (0. 006)	0. 0280 *** (0. 010)	0. 0658 *** (0. 014)	0. 0514 ** (0. 023)	0. 0029 *** (0. 000)	0. 0027 *** (0. 001)
Constant	-0. 7319 *** (0. 157)	0. 1176 (0. 212)	-20. 1821 *** (0. 413)	-16. 4416 *** (0. 487)	-0. 1259 *** (0. 008)	-0. 1534 *** (0. 013)
Industry Fixed Effect	Y	Y	Y	Y	Y	Y
Year Fixed Effect	Y	Y	Y	Y	Y	Y
Observations	5428	5514	5428	5514	5428	5514
Adj - R - squared	0. 365	0. 389	0. 513	0. 455	0. 279	0. 293

注：本表基于不同市场化水平考察了企业的成本粘性如何影响企业生产效率。为了节省空间，我们省略了年度和行业虚拟变量的回归结果。Adj - R - squared 为调整后的 R^2。回归系数下面一行括号中为经过怀特异方差修正后的标准误，***、** 和 * 分别表示估计系数在 1%、5% 和 10% 的显著性水平下显著。

由于在计划经济时代，我国各类市场，包括要素市场基本上受到了压制，要素市场的市场化程度极低，直至实施经济体制改革，要素市场才慢慢得以发展起来，即便如此，我国各地区要素市场的发育程度也是良莠不齐。因此，我们的结论对于全国范围内加快市场化进程的步伐具有重要意义。

三、成本粘性与企业生产效率：基于不同行业集中度的结果

表 7 - 8 根据中位数将行业集中度 *HHI* 分成了高低两组，并分组回归考察基于不同行业集中度水平下企业的成本粘性如何影响生产效率。由表 7 - 8 可知，实证表明，成本粘性对企业生产效率的抑制效应在竞争程度高（即 *HHI* 低）的组别中表现显著，而在垄断程度较高（*HHI* 高）的组别中不显著。验证了我们的假说 4。

表 7-8　对行业集中度 *HHI* 进行分组的回归结果

VARIABLES	*Tfp_ols*	*Tfp_ols*	*Tfp_tornqvist*	*Tfp_tornqvist*	*Tfp_sfa*	*Tfp_sfa*
	HHI 低	*HHI* 高	*HHI* 低	*HHI* 高	*HHI* 低	*HHI* 高
Sticky	0.0092 **	0.0032	0.0296 ***	0.0030	0.0008 **	-0.0000
	(0.004)	(0.004)	(0.010)	(0.008)	(0.000)	(0.000)
Lnsize	0.2174 ***	0.2104 ***	0.9918 ***	0.8075 ***	0.0103 ***	0.0067 ***
	(0.008)	(0.008)	(0.024)	(0.016)	(0.001)	(0.000)
Lev	0.3348 ***	0.4937 ***	0.8429 ***	0.6993 ***	0.0243 ***	0.0245 ***
	(0.040)	(0.046)	(0.097)	(0.107)	(0.003)	(0.003)
Growth	0.1314 ***	0.1970 ***	0.2649 ***	0.1722 ***	-0.0027 ***	-0.0009
	(0.023)	(0.018)	(0.059)	(0.036)	(0.001)	(0.001)
Age	-0.0057 ***	-0.0011	-0.0147 ***	-0.0026	-0.0008 ***	-0.0004 ***
	(0.002)	(0.002)	(0.004)	(0.003)	(0.000)	(0.000)
Instirate	-0.0241	0.0786 **	-0.1541 *	-0.0798	-0.0081 ***	0.0029 *
	(0.033)	(0.036)	(0.091)	(0.077)	(0.002)	(0.002)
Duality	-0.0126	-0.0060	-0.1677 ***	0.0077	-0.0018	-0.0011
	(0.018)	(0.021)	(0.039)	(0.052)	(0.001)	(0.001)
Outratio	0.0147	-0.1040	1.2820 ***	0.6570 **	-0.0117	-0.0066
	(0.142)	(0.146)	(0.423)	(0.297)	(0.009)	(0.007)
SYNCH	0.0563 ***	-0.0067	0.1517 ***	-0.0922 ***	0.0020 *	0.0005
	(0.015)	(0.015)	(0.042)	(0.031)	(0.001)	(0.001)
Da_jones_mod	0.1599	0.2116 **	-0.6076 **	-0.4437 *	0.0118	0.0017
	(0.109)	(0.097)	(0.292)	(0.227)	(0.009)	(0.005)
Mktindex	0.0366 ***	0.0284 ***	0.0383 ***	0.0162	0.0032 ***	0.0017 ***
	(0.004)	(0.004)	(0.009)	(0.011)	(0.000)	(0.000)
Constant	0.1862	-0.2707 *	-19.9357 ***	-16.4362 ***	-0.1368 ***	-0.1093 ***
	(0.170)	(0.156)	(0.505)	(0.338)	(0.011)	(0.008)
Industry Fixed Effect	Y	Y	Y	Y	Y	Y
Year Fixed Effect	Y	Y	Y	Y	Y	Y
Observations	5302	5640	5302	5640	5302	5640
Adj-R-squared	0.363	0.370	0.480	0.474	0.277	0.266

注：本表基于不同行业集中度水平考察了企业的成本粘性如何影响企业生产效率。为了节省空间，我们省略了年度和行业虚拟变量的回归结果。Adj-R-squared 为调整后的 R^2。回归系数下面一行括号中为经过怀特异方差修正后的标准误，*** 、** 和 * 分别表示估计系数在 1% 、5% 和 10% 的显著性水平下显著。

第六节　稳健性检验

为检验本书研究结论的可靠性，本书还进行了以下两个方面的稳健性检验：

第一，我们选择制造业上市公司作为稳健性检验的研究样本，回归结果见表7－9，结果稳健。选择制造业子样本主要是基于三个原因：一是我国过去20多年的经济高速增长主要依赖于制造业的成长，制造业的增加值占国内生产总值的比重在40%以上，且我国制造业上市公司数量占我国上市公司数量的60%以上，相对而言，具有代表性和比较优势；二是制造业相对于其他行业而言具有较高的固定资产比例和劳动力资本，在计算企业全要素生产率时更具实践意义；三是刘武（2006）通过选用1998—2005年企业的年度财务数据，检验发现制造业存在较强的成本粘性行为。

表7－9　　　对制造业子样本的主回归结果

VARIABLES	(1)	(2)	(3)
	Tfp_ols	*Tfp_tornqvist*	*Tfp_sfa*
Sticky	0.0057 * (0.003)	0.0164 * (0.009)	0.0003 * (0.000)
Lnsize	0.2238 *** (0.007)	0.9702 *** (0.019)	0.0082 *** (0.000)
Lev	0.3030 *** (0.035)	0.7613 *** (0.087)	0.0150 *** (0.002)
Growth	0.1352 *** (0.023)	0.2148 *** (0.052)	－0.0025 *** (0.001)
Age	－0.0026 * (0.001)	－0.0084 ** (0.003)	－0.0005 *** (0.000)
Instirate	－0.0055 (0.029)	－0.1843 ** (0.075)	－0.0032 * (0.002)
Duality	－0.0047 (0.015)	－0.0862 *** (0.031)	－0.0005 (0.001)
Outratio	0.0519 (0.123)	1.2771 *** (0.320)	0.0047 (0.006)

续表

VARIABLES	(1)	(2)	(3)
	Tfp_ols	*Tfp_tornqvist*	*Tfp_sfa*
SYNCH	0.0304** (0.014)	0.1332*** (0.034)	0.0021*** (0.001)
Da_jones_mod	0.1679 (0.103)	-0.3898 (0.267)	0.0031 (0.005)
Mktindex	0.0347*** (0.003)	0.0261*** (0.008)	0.0019*** (0.000)
Constant	-0.4129*** (0.145)	-19.8733*** (0.410)	-0.1325*** (0.008)
Industry Fixed Effect	Y	Y	Y
Year Fixed Effect	Y	Y	Y
Observations	6279	6279	6279
Adj - R - squared	0.312	0.512	0.171

注：本表对制造业子样本考察了企业的成本粘性如何影响企业生产效率。为了节省空间，我们省略了年度和行业虚拟变量的回归结果。Adj - R - squared 为调整后的 R^2。回归系数下面一行括号中为经过怀特异方差修正后的标准误，*** 、** 和 * 分别表示估计系数在 1% 、5% 和 10% 的显著性水平下显著。

第二，考虑到企业当期的成本调整不一定能反映在当期的业绩上，因此我们取因变量 TFP 的未来一期值进行主回归，回归结果见表 7 - 10，发现结果稳健。并且在一定程度上也进一步缓解了成本粘性与生产率之间的内生性。

表 7 - 10　　对因变量取未来一期的主回归结果

VARIABLES	(1)	(2)	(3)
	f_tfp_ols	*f_tfp_tornqvist*	*f_tfp_sfa*
Sticky	0.0066** (0.003)	0.0237*** (0.007)	0.0003** (0.000)
Lnsize	0.2017*** (0.006)	0.8709*** (0.015)	0.0082*** (0.000)
Lev	0.4744*** (0.035)	0.8650*** (0.085)	0.0243*** (0.002)
Growth	0.1030*** (0.015)	0.1774*** (0.038)	-0.0011* (0.001)

续表

VARIABLES	(1)	(2)	(3)
	f_tfp_ols	*f_tfp_tornqvist*	*f_tfp_sfa*
Age	-0.0051*** (0.001)	-0.0131*** (0.003)	-0.0006*** (0.000)
Instirate	0.0542** (0.027)	0.0210 (0.065)	-0.0023 (0.002)
Duality	-0.0121 (0.015)	-0.0727** (0.036)	-0.0016* (0.001)
Outratio	-0.0605 (0.113)	0.7486*** (0.262)	-0.0129** (0.006)
SYNCH	0.0186 (0.012)	-0.0036 (0.028)	0.0018** (0.001)
Da_ jones_ mod	0.1722** (0.078)	-0.4120** (0.209)	0.0087* (0.005)
Mktindex	0.0337*** (0.003)	0.0218*** (0.008)	0.0025*** (0.000)
Constant	-0.1380 (0.127)	-17.8973*** (0.317)	-0.1410*** (0.007)
Industry Fixed Effect	Y	Y	Y
Year Fixed Effect	Y	Y	Y
Observations	9429	9429	9429
Adj - R - squared	0.358	0.462	0.286

注：本表考察了企业的成本粘性如何影响企业未来一期的生产效率。为了节省空间，我们省略了年度和行业虚拟变量的回归结果。Adj - R - squared 为调整后的 R^2。回归系数下面一行括号中为经过怀特异方差修正后的标准误，*** 、** 和 * 分别表示估计系数在 1%、5% 和 10% 的显著性水平下显著。

本章小结

本章以中国沪深两市 2004—2014 年共 11 年的所有 A 股上市公司为研究样

本，以 Weiss（2010）模型为参照计算了成本粘性，研究了成本粘性对企业生产效率的影响，并基于我国微观企业产权制度、宏观地区市场化进程和行业市场竞争度的角度，分组考察了在不同的制度和环境下成本粘性对生产率的影响差异，丰富了学术界对于成本粘性的经济后果方面的文献。研究发现：成本粘性大越的公司，企业生产效率越小，并辅以 2008 年《劳动合同法》这一外生工具变量检验验证了这一结论。本书对研究发现做了进一步扩展测试，发现在地方国有企业产权、市场化程度越低和行业竞争程度越高的条件下，企业的成本粘性对生产效率的抑制作用更为显著。最后，本书选取了制造业这一子样本和将因变量取未来一期分别进行了回归，验证了结论的稳健性。

针对以上研究结果，本书认为具有重要政策借鉴意义：当前我国各地区市场开放程度确实良莠不齐，与发达国家存在差距，应该继续在全国范围内加深市场化进程，建立一个更加公平公开的市场，才能从根本上提高我国经济发展的层次。与此同时，我国应当尽可能将管理者自身利益与企业相关联，推进国有企业成本费用披露机制，加强对地方国企高管机会主义行为的监督管理，推进国有企业成本会计准则和相关措施，企业要把对高管层的考核与激励制度同成本收益控制切实挂钩，这些都有助于帮助国有企业（特别是地方国企）摆脱粗线条的管理模式。给予市场一个宽松和谐的良性环境，促进企业良性自由竞争、稳健扎实有序地健康发展。

第八章　主要结论、启示和未来研究的方向

第一节　本书的主要结论

本书的第二章首先对我国企业基于外在压力和内部激励两类研究场景下的制度背景进行了概述，并梳理回顾了国内外的相关文献。关于研究“基于外在压力视角下的微观企业行为”这一问题的研究思路和方法，我们选取了产品市场进口竞争、空气质量和高铁开通这三个切入点作为企业所面临的外部环境压力，分别考察其对企业投资决策、人力资本以及审计费用的影响。而关于研究“基于内在激励视角下的微观企业行为”这一问题的研究思路和方法，我们选取了上市公司员工持股计划和企业成本粘性两个切入点作为企业所面临的内部激励，分别考察其公告效应以及对企业生产率的影响。本书从第三章到第七章围绕上述话题分别从企业所面临的外在压力与内部激励的视角运用实证模型进行了深入研究，并得出以下主要结论。

第一，尽管当前全球贸易保护主义有所抬头，但建设开放型世界经济、促进贸易和投资的自由化仍然是推进经济全球化发展的长期趋势。第三章基于制造业关税数据和上市企业的微观数据，考察了关税削减所带来的进口竞争对企业投资效率的影响。研究发现，进口竞争能够显著提高企业的投资效率，且对投资过度和投资不足均有改善作用。从企业所处的外部环境以及企业自身特征来看，进口竞争对企业投资效率的积极作用在市场化进程较慢的地区、产品市场竞争程度较低的行业中的公司、国有企业和非出口企业中表现更为显著。影响机制的分析结果表明，进口竞争主要通过提高公司的治理水平、增加人力资本和研发投入进而对企业投资效率产生影响。

第二，第四章作为第三章的平行章节，从空气质量这一外在压力的视角考察了其对我国企业员工流动的影响，为空气污染对人力资本的经济后果研究提供了额外的经验证据。研究结果表明：空气污染会显著提升企业员工的流失率。为了解决空气质量与企业员工流动的反向因果偏误，本书基于气象学中逆温产生的自然原理构建了“逆温强度”作为空气质量的工具变量来缓解内生性问题，并发现了一致的结论。此外，我们发现企业员工流失主要体现在人均薪酬较低、员工学历较高以及行业竞争程度较高的企业组别之中。在稳健性检验中，我们还发现空气污染会导致企业员工流失的概率增大，同时使得企业劳动力雇佣不足的概率显著上升。

第三，第五章同样作为第三章的平行章节，将我国的高铁开通视为一项缩短时空距离的准自然实验，采用双重差分模型检验高铁开通这一外在压力对企业审计收费的影响。研究结果发现：高铁开通会显著提升所在地上市公司的审计收费，动态 DID 结果表明，高铁开通对企业审计收费的提升效应会随时间逐渐减弱。本书按照“最小路径树”的思想构造了高铁开通的工具变量来处理潜在的内生性问题，并发现一致结论。同时，从企业自身特征和企业所处的外部环境来看，高铁开通对企业审计收费的提升作用在国有企业、非“四大”会计师事务所审计的企业、市场化进程较慢的地区和产品市场垄断程度较高的行业中的公司中表现得更为显著。机制探究结果表明，高铁提高了所在地企业的经营风险，从而带来了审计溢价，验证了“经营风险效应”。最后使用模拟的高铁开通年份作为安慰剂检验进行检验，发现结果并不显著。

第四，第六章从企业内部激励的视角出发，考察了我国员工持股计划（ESOP）对资本市场投资者的公告效应。本书利用 2014 年至 2015 年 9 月 30 日期间发布员工持股计划草案公告的 A 股上市公司作为实验组样本，研究发现投资者对公告的反应显著为正，体现了员工持股计划对企业员工的激励效应。此外，国有企业发布员工持股计划的公告反应更为显著，当推行员工持股计划的企业员工教育水平越高，市场反应也越显著。另外，ESOP 草案的差异也会影响投资者的反应。本书的结论肯定了当前员工持股计划对上市公司，尤其是对国有企业的积极作用。同时也表明在完善公司激励机制的过程中，应考虑与员工对企业发挥的作用相配合，这对当前员工持股计划的实施具有参考意义。

第五，第七章作为第六章的平行章节，以 Weiss（2010）模型为参照计算了企业层面的成本粘性，研究了成本粘性对企业生产效率的影响，本书研究发现：

成本粘性的降低有助于提升企业的生产效率，并辅以2008年《劳动合同法》的颁布这一外生工具变量检验验证了这一结论。本书对研究发现做了进一步扩展测试，发现在地方国有企业产权、市场化程度越低和行业竞争程度越高的条件下，企业的成本粘性对生产效率的抑制作用更为显著。最后，本书选取了制造业这一子样本和将因变量取未来一期分别进行了回归，验证了实证结论的稳健性。

本书根植于中国本土化的研究场景，深入考察微观企业在面临外在压力和内部激励下的行为决策。研究方法和结论不仅丰富了我国宏观制度环境、微观企业环境、企业财务行为以及资本市场影响等领域的相关成果，也具有一定的现实意义。下面，将结合全书的结论提出一些政策建议。

第二节　政策建议

本书的结论具有如下政策含义：

第一，本书关于进口竞争与企业投资效率的研究结论表明，建设开放型世界经济、促进贸易和投资的自由化仍然是推进经济全球化发展的长期趋势，特别是对于国内企业的投资效率具有积极推动作用，这实际上也为当前制定对外扩大开放的政策提供了一定依据。一方面，为我国政府决策层继续积极推进贸易自由化、经济全球化进程向着更加包容普惠的方向发展提供有参考价值的大样本经验证据；另一方面，也为我国上市企业进一步完善自身治理机制和投资结构、以应对经济全球化和贸易自由化浪潮冲击提供政策建议。

第二，我国严峻的空气污染不仅严重危害到民众的身体健康，更容易被人们所忽略的是，空气污染还会影响人们的工作地域选择，它会使企业员工离职增加以及造成人力资本流失，特别是高学历人才的外流。对企业来说，空气污染也会增加其雇佣难度，企业雇不到合意的人才，劳动力雇佣不足的概率显著上升，这对企业的长期发展非常不利。当前，我国正在加快实施创新驱动发展战略，打造经济增长新引擎、释放经济发展新活力，这些均离不开人才的支撑。我国多个省市目前已重视并加强了对“招才引智”工作的实施力度，将深入推进人才强省战略作为统领人才工作的一项重要举措。然而，政府部门在制定策略时往往忽视了对人才宜居环境，即所在地空气质量的考量，企业吸引人才不易，但留住人才更难。必须清醒地认识到，雾霾等空气污染的完全治理绝非一蹴而就，但从人力资本积累和企业的长效发展来看，政府必须要加快整治空气污染，坚持可持续发展理念，完善空气质量监测体系和考核指标，建立快捷高效的空气质量发布体系、预警机制及应急预案，以应对雾霾等重度空气污染；切实稳妥地淘汰落后产能，摒弃粗放式增长方式，对企业实行严格的污染排放标准，鼓励绿色技术创新，加快清洁能源发展。另外，对企业来说，薪酬激励制度设计得当，能够激励员工在既有的工作条件下努力生产经营，提高公司价值；反观不当的薪酬激励制度设计，可能会恶化劳工关系，导致企业员工离职率的居高不下。并且那些拥有更多高学历员工、处于竞争性行业中的企业应更加关注空气质量这种非货币性因素对企业员工流动行为的影响，加强对员工权益的维护，防止智力外溢和高水平人才外流现象的发生。因此，我们的研究结论有助于为企业进一步制定合理的薪酬激励政策和实施企业人才战略提供理论和实证依据。

第三，本书关于高铁开通对企业审计收费的研究结论有助于为我国高铁建设对资本市场参与者的影响提供进一步的经验证据。一方面，高铁的开通有助于促进信息环境的透明度并提高审计师的信息优势；另一方面，也会增加企业的竞争程度和经营风险。因此，本书对上市公司及政策制定者都具有重要的参考作用，这为评估我国高铁建设的微观政策效果提供了来自资本市场的直接经验证据，对学术界和监管部门深入理解上市公司审计这一重大经济课题具有重要的现实意义。

第四，本书关于公司员工持股计划的研究结果一方面肯定了当前上市公司推出员工持股计划对企业的影响，特别是对国有企业而言，员工持股计划制度的引入能够较好地解决当前国有企业效率较低的问题。通过员工持股计划，将员工转变为企业的所有者，能够激励员工更好地从事企业生产经营工作，有效降低“激励不相容”的问题。我们的结论从实证的角度肯定了员工持股计划是当前推动国企改革、建立现代企业制度的有效途径。另一方面，我们也必须注意到员工持股计划的实施效果可能依赖于员工自身的特征。当员工的教育水平较高时，员工对企业发挥的作用可能也越大，这不仅能够增加员工获得企业分配股份的概率，也可以进一步提高员工持股对员工的激励效应。因此，企业在考虑实施员工持股计划时，也应该相应考量企业员工对企业的贡献程度，保证持股人员应与其所在岗位的重要性相匹配，从而更好地发挥员工持股计划对员工的激励效应，如将更多的股份分配给企业的核心人员或研发人员等。此外，鉴于员工持股计划的具体实施方案在不同企业中有所差异，我们的实证结果表明，企业在实施员工持股计划时，对于员工持股的资金来源或股票来源应以员工自有资金的投入或认购非公开发行股为主，这更能体现出员工持股是建立在对企业未来发展认可和价值增值认同的基础上。而对于授予员工人数方面，企业应适当考虑“搭便车”的问题，避免由于授予人数的规模较大，而丧失了持股计划原有的激励效应。

第五，本书关于成本粘性对企业生产率影响的研究结论不仅对拓展成本粘性经济后果研究具有一定的理论价值，而且具有明晰的政策指导意义，这有助于相关部门出台有针对性的举措，以促进我国企业生产效率的提升。当前我国各地区市场开放程度确实良莠不齐，与发达国家存在差距，应该继续在全国范围内加深市场化进程，建立一个更加公平公开的市场，才能从根本上提高我国经济发展的层次。与此同时，我国应当尽可能将管理者自身利益与企业相关联，推进国有企业成本费用披露机制，加强对地方国企高管机会主义行为的监督管理，推进国有企业成本会计准则和相关措施，企业要把对高管层的考核与激励制度同成本收益控制切实挂钩，这些都有助于帮助国有企业（特别是地方国企）摆脱粗线条的管理模式。给予市场一个宽松和谐的良性环境，促进企业良性自由竞争、稳健扎实有序地健康发展。

第三节 值得进一步研究的议题

在本书的基础上，未来可能还存在以下研究方向：

第一，在本书的研究中，重点关注的是企业基于外在压力与内部激励下的行为决策及影响机制。但事实上企业所面临的外在压力与内部激励远不仅仅包括贸易自由化下的产品市场进口竞争、空气质量、高速铁路开通、公司员工持股计划以及企业成本粘性这五个类别。在未来的研究中，我们尝试进一步充分运月中国丰富的制度情境与独特数据，从正式制度和非正式制度约束两大维度出发考察企业的财务决策与治理行为。如我国政府自 2010 年起公布对中央企业的国家审计公告、2013 年成立中央巡视组展开全国范围的巡视工作、2014 年起深交所启动年报问询函制度均可视为企业所面临的外在压力，从正式制度约束的视角考察有利于对我国国家治理效应和政府监管水平进行客观科学地认识和评估，并为政府机构未来的政策制定提供经验证据和指导建议。又如，跨学科的交叉融合是近年来财务学领域关注和研究的热点，若能结合企业文化中管理者的个人特征，如家乡认同、海外经历、学术经历和校友关系等，将有助于从内部激励的视角为文化对财务的影响提供来自文化底蕴深厚的转型经济国家的经验证据。

第二，本书重点选择了公司金融领域内最近较为热门的话题，如企业投资效率、人力资本结构、审计定价、股票市场反应和企业生产率等行为来进行研究。在未来的研究中，可以进一步将话题拓展，如考察上市公司的资本成本、税收激进行为、盈余管理行为、兼并收购、企业社会责任以及创新行为等，从而更全面、深入地理解外在压力与内部激励对上市公司财务决策的影响与作用机制，这也是未来研究需要进一步延伸和深入的方向。

参考文献

[1] AGGARWAL R K, SAMWICK A A. Executive compensation, strategic competition, and relative performance evaluation: theory and evidence [J]. The Journal of Finance, 1999, 54 (6): 1999 – 2043.

[2] ALI A, KLASA S, YEUNG E. The limitations of industry concentration measures constructed with Compustat data: implications for finance research [J]. The Review of Financial Studies, 2008, 22 (10): 839 – 3871.

[3] ANDERSON M C, BANKER R D, JANAKIRAMAN S N. Are selling, general, and administrative costs "sticky"? [J]. Journal of Accounting Research, 2003, 41 (1): 47 – 63.

[4] ANDERSON M L. As the wind blows: the effects of long – term exposure to air pollution on mortality [R]. NBER Working Paper, 2015.

[5] ANDERSON R C, REEB D M. Founding – family ownership and firm performance: evidence from the S&P 500 [J]. The Journal of Finance, 2003, 58 (3): 1301 – 1328.

[6] ARCEO E, HANNA R, OLIVA P. Does the effect of pollution on infant mortality differ between developing and developed countries? Evidence from Mexico city [J]. The Economic Journal, 2016, 126 (591): 257 – 280.

[7] AUGIER P, CADOT O, DOVIS M. Imports and TFP at the firm level: the role of absorptive capacity [J]. Canadian Journal of Economics/Revue canadienne d'économique, 2013, 46 (3): 956 – 981.

[8] BABENKO I, SEN R. Do non – executive employees have information? Evidence from employee stock purchase plans [J]. Management Science, 2015, forthcoming.

[9] BABENKO I, LEMMON M, TSERLUKEVICH Y. Employee stock options and investment [J]. The Journal of Finance, 2011, 66 (3): 981 – 1009.

[10] BAGGS J, DE BETTIGNIES JE. Product market competition and agency costs [J]. Journal of Industrial Economics, 2007, 55 (2): 289 -323.

[11] BALAKRISHNAN K, COHEN D. Product market competition and financial accounting misreporting. 2011, Working paper.

[12] BALAKRISHNAN R, GRUCA T S. Cost stickiness and core competency: a note [J]. Contemporary Accounting Research, 2008, 25 (4): 993 -1006.

[13] BANERJEE A, DUFLO E, QIAN N. On the road: access to transportation infrastructure and economic growth in China. 2012, NBER working paper.

[14] BANKER R D, BYZALOV D, PLEHN - DUJOWICH J M. Sticky cost behavior: theory and evidence. 2011, Working paper.

[15] BANKER R D, BYZALOV D, CHEN L T. Employment protection legislation, adjustment costs and cross - country differences in cost behavior [J]. Journal of Accounting and Economics, 2013, 55 (1): 111 -127.

[16] BELL T B, LANDSMAN W R, SHACKELFORD D A. Auditors' perceived business risk and audit fees: analysis and evidence [J]. Journal of Accounting Research, 2002, 39 (1): 35 -43.

[17] BERNARD A B, MOXNES A, SAITO Y U. Production networks, geography, and firm performance [J]. Journal of Political Economy, 2019, 127 (2): 639 -688.

[18] BIDDLE G C, HILARY G, VERDI R S. How does financial reporting quality relate to investment efficiency? [J]. Journal of Accounting and Economics, 2009, 48 (2 -3): 112 -131.

[19] BLOOM N, DRACA M, REENEN J V. Trade induced technical change? The impact of Chinese imports on innovation, IT and productivity [J]. The Review of Economic Studies, 2016, 83 (1): 87 -117.

[20] BLOOM N, BOND S, REENEN J V. Uncertainty and investment dynamics [J]. The Review of Economic Studies, 2007, 74 (2): 391 -415.

[21] BOVA F, DOU Y, HOPE O K. Employee ownership and firm disclosure [J]. Contemporary Accounting Research, 2015a, 32 (2): 639 -673.

[22] BOVA F, DOU Y, HOPE O K. Non - executive employee ownership and corporate risk [J]. The Accounting Review, 2015b, 90 (1): 115 -145.

[23] BRANDT L, VAN BIESEBROECK J, ZHANG Y. Creative accounting or creative destruction? [J]. Journal of Development Economic, 2012, 97 (2): 339 - 351.

[24] CALLEJA K, STELIAROS M, THOMAS D C. A note on cost stickiness: some international comparisons [J]. Management Accounting Research, 2006, 17 (2): 127 - 140.

[25] CAMPBELL C J, WESLEY C E. Measuring security price performance using daily NASDAQ returns [J]. Journal of Financial Economics, 1993, 33 (1): 73 - 92.

[26] CAMPBELL J Y, CHAMPBELL J J, CAMPBELL J W, et al. The econometrics of financial markets [M]. Princeton University Press, 1997.

[27] CASTELLANI D, ZANFEI A. Internationalization, innovation and productivity: how do firms differ in Italy? [J]. The World Economy, 2007, 30 (1): 156 - 176.

[28] CAVES D W, CHRISTENSEN L R, DIEWERT W E. Multilateral comparisons of output, input, and productivity using superlative index numbers [J]. The Economic Journal, 1982, 92 (365): 73 - 86.

[29] CHAN L H, CHEN K C W, CHEN T Y, et al. The effects of firm - initiated clawback provisions on earnings quality and auditor behavior [J]. Journal of Accounting and Economics, 2012, 54 (2): 180 - 196.

[30] CHANG S, MAYERS D. Managerial vote ownership and shareholder wealth: evidence from employee stock ownership plans [J]. Journal of Financial Economics, 1992, 32 (1): 103 - 131.

[31] CHANG S. Employee stock ownership plans and shareholder wealth: an empirical investigation [J]. Financial Management, 1990, 19 (1): 48 - 58.

[32] CHANG T, GRAFF ZIVIN J, GROSS T, et al. Particulate pollution and the productivity of pear packers [J]. American Economic Journal: Economic Policy, 2016, 8 (3): 141 - 169.

[33] CHANG T, GRAFF ZIVIN J, GROSS T, et al. The effect of pollution on worker productivity: evidence from call - center workers in China. NBER working paper, 2016.

[34] CHANG X, FU K, LOW A, et al. Non – executive employee stock options and corporate innovation [J]. Journal of Financial Economics, 2015, 115 (1): 168 – 188.

[35] CHARNOZ P, CLAIRE L, TREVIEN C. Communication costs and the internal organization of multi – plant businesses: evidence from the impact of the french high – speed rail. CEPR discussion paper, 2018.

[36] CHAY K Y, GREENSTONE M. The impact of air pollution on infant mortality: evidence from geographic variation in pollution shocks induced by a recession [J]. The Quarterly Journal of Economics, 2003, 118 (3): 1121 – 1167.

[37] CHEN C X, LU H, SOUGIANNIS T. The agency problem, corporate governance, and the asymmetrical behavior of selling, general, and administrative costs [J]. Contemporary Accounting Research, 2012, 29 (1), 252 – 282.

[38] CHEN F, HOPE OK, LI Q, et al. Financial reporting quality and investment efficiency of private firms in emerging markets [J]. The Accounting Review, 2011, 86 (4): 1255 – 1288.

[39] CHEN M, GUARIGLIA A. Internal financial constraints and firm productivity in China: do liquidity and export behavior make a difference? [J]. Journal of Comparative Economics, 2013, 41 (4): 1123 – 1140.

[40] CHEN Y, EBENSTEIN A, GREENSTONE M, et al. Evidence on the impact of sustained exposure to air pollution on life expectancy from China's Huai River policy [J]. Proceedings of the National Academy of Sciences of the United States of America, 2013, 110 (32): 12936 – 12941.

[41] CHEN Y, JIN G Z, KUMAR N, et al. Gaming in air pollution data? lessons from China [J]. B. E. Journal of Economic Analysis and Policy, 2012, 12 (3): 1 – 43.

[42] Chen Z, GUAN Y, KE B. Are stock option grants to directors of state – controlled Chinese firms listed in Hong Kong genuine compensation? [J]. The Accounting Review, 2013, 88 (5): 1547 – 1574.

[43] CHENG Y, LOO B P Y, VICKERMAN R. High – speed rail networks, economic integration and regional specialization in China and Europe [J]. Travel Behaviour and Society, 2015, 2 (1): 1 – 14.

[44] CHOI J H, KIM J B, QIU A A, et al. Geographic proximity between auditor and client: how does it impact audit quality? [J]. Auditing: A Journal of Practice and Theory, 2012, 31 (2): 43 -72.

[45] CHRISTENSEN L R. Entrepreneurial income: how does it measure up? [J]. The American Economic Review, 1971, 61 (4): 575 -585.

[46] CIN B C, SMITH S C. Employee stock ownership and participation in South Korea: incidence, productivity effects, and prospects", Review of Development Economics, 2002, 6 (2): 263 -283.

[47] COLES J L, DANIEL N D, NAVEEN L. Managerial incentives and risk - taking [J]. Journal of Financial Economics, 2006, 79 (2): 431 -468.

[48] CONTE M A, BLASI J, KRUSE D, et al. Financial returns of public ESOP companies: Investor effects vs. manager effects [J]. Financial Analysts Journal, 1996, 52 (4): 51 -61.

[49] CONYON M J, HE L. CEO compensation and corporate governance in China [J]. Corporate Governance: An International Review, 2012, 20 (6): 575 - 592.

[50] CORE J E, GUAY W R. Stock option plans for non - executive employees [J]. Journal of Financial Economics, 2001, 61 (2): 253 -287.

[51] CORNAGGIA J, MAO Y, TIAN X, et al. Does banking competition affect innovation? [J]. Journal of Financial Economics, 2015, 115 (1): 189 -209.

[52] CURRIE J, HYSON R. Is the impact of health shocks cushioned by socioeconomic status? The case of low birthweight [J]. The American Economic Review, 1999, 89 (2): 245 -250.

[53] CURRIE J, NEIDELL M. Air pollution and infant health: what can we learn from California's recent experience? [J]. The Quarterly Journal of Economics, 2005, 120 (3): 1003 -1030.

[54] CURRIE J, STABILE M. Child mental health and human capital accumulation: the case of ADHD [J]. Journal of Health Economics, 2006, 25 (6): 1094 - 1118.

[55] CURRIE J, WALKER R. Traffic congestion and infant health: evidence from E - ZPass [J]. American Economic Journal: Applied Economics, 2011, 3

(1): 65 - 90.

[56] CURRIE J, HANUSHEK E A, KAHN E M, et al. Does pollution increase school absences? [J]. Review of Economics and Statistics, 2009, 91 (4): 682 - 694.

[57] CURRIE J, NEIDELL M, SCHMIEDER J F. Air pollution and infant health: lessons from New Jersey [J]. Journal of Health Economics, 2009, 28 (3): 688 - 703.

[58] DAVIS S J, HALTIWANGER J. Gross job creation, gross job destruction, and employment reallocation [J]. The Quarterly Journal of Economics, 1992, 107 (3): 819 - 863.

[59] DECHOW P M, SLOAN R G, SWEENEY A P. Detecting earnings management [J]. The Accounting Review, 1995, 70 (2): 193 - 225.

[60] DEDMAN E, LENNOX C. Perceived competition, profitability and the withholding of information about sales and the cost of sales [J]. Journal of Accounting and Economics, 2009, 48 (23), 210 - 230.

[61] DENG X, GAO H. Nonmonetary benefits, quality of life, and executive compensation [J]. Journal of Financial & Quantitative Analysis, 2013, 48 (1): 197 - 218.

[62] DHALIWAL D S, HUANG S, KHURANA I, et al. Product market competition and accounting conservatism, 2008, working paper.

[63] DIERYNCK B, ANNELIES R. Earnings management incentives and the asymmetric behavior of labor costs. Working paper, 2009.

[64] DONALDSON D, HORNBECK R. Railroads and American economic growth: a "market access" approach [J]. The Quarterly Journal of Economics, 2016, 131 (2): 799 - 858.

[65] DU Q, WEI J, XIE P. Roads and the real exchange rate. NBER working paper, 2013, No. 19291.

[66] DURNEV A, MORCK R, YEUNG B. Value - enhancing capital budgeting and firm - specific stock return variation. The Journal of Finance, 2004, 59 (1): 65 - 105.

[67] EBENSTEIN A, FAN M, GREENSTONE M, et al. Growth, pollution,

and life expectancy: China from 1991 - 2012 [J]. American Economic Review, 2015, 105 (5): 226 - 231.

[68] EDMANS A. Does the stock market fully value intangibles? Employee satisfaction and equity prices [J]. Journal of Financial Economics, 2011, 101 (3): 621 - 640.

[69] EDMONDS E V, PAVCNIK N, TOPALOVA P. Trade adjustment and human capital investments: evidence from Indian tariff reform [J]. American Economic Journal: Applied Economics, 2010, 2 (4): 42 - 75.

[70] FABER B. Trade integration, market size, and industrialization: evidence from China's national trunk highway system [J]. Review of Economic Studies, 2014, 81 (3): 1046 - 1070.

[71] FACCIO M, MASULIS R, JOHN J M. Political connections and corporate bailouts [J]. Journal of Finance, 2006, 61 (6): 2597 - 2635.

[72] FALEYE O, REIS E, VENKATESWARAN A. The determinants and effects of CEO - employee pay ratios [J]. Journal of Banking & Finance, 2013, 37 (8): 3258 - 3272.

[73] FANG H, NOFSINGER J R, QUAN J. The effects of employee stock option plans on operating performance in Chinese firms [J]. Journal of Banking and Finance, 2015, 54: 141 - 159.

[74] FRANKEL R, LI X. Characteristics of a firm's information environment and the information asymmetry between insiders and outsiders [J]. Journal of Accounting and Economics, 2004, 37 (2): 229 - 259.

[75] FRESARD L, VALTA P. How does corporate investment respond to increased entry threat? [J]. Review of Corporate Finance Studies, 2016, 5 (1), 1 - 35.

[76] FRIEDMAN T L. The world is flat: a brief history of the twenty - first century [M]. Audio Renaissance, 2006.

[77] GASPAR J M, MASSA M. Idiosyncratic volatility and product market competition [J]. The Journal of Business, 2006, 79 (6): 3125 - 3152.

[78] GHANEM D, ZHANG J. "Effortless perfection:" do Chinese cities manipulate air pollution data? [J]. Journal of Environmental Economics and Manage-

ment, 2014, 68 (2): 203 – 225.

[79] GIANNETTI M, LIAO M, YU X. The brain gain of corporate boards: evidence from China [J]. The Journal of Finance, 2015, 70 (4): 1629 – 1682.

[80] GILLILAND F D, BERHANE K, RAPPAPORT E B, et al. The effects of ambient air pollution on school absenteeism due to respiratory illnesses [J]. Epidemiology, 2001, 12 (1).

[81] GINGLINGER E, MEGGINSON W, WAXIN T. Employee ownership, board representation, and corporate financial policies [J]. Journal of Corporate Finance, 2011, 17 (4): 868 – 887.

[82] GIROUD X. Proximity and investment: evidence from plant – level data [J]. The Quarterly Journal of Economics, 2013, 128 (2): 861 – 915.

[83] GRAFF ZIVIN J, NEIDELL M. Environment, health, and human capital [J]. Journal of Economic Literature, 2013, 51 (3): 689 – 730.

[84] GRAFF ZIVIN J, NEIDELL M. The impact of pollution on worker productivity [J]. The American Economic Review, 2012, 102 (7): 3652 – 3673.

[85] GROIZARD J L, RANJAN P, RODRIGUEZ – LOPEZ A. Trade costs and job flows: evidence from establishment – level data [J]. Economic Inquiry, 2015, 53 (1): 173 – 204.

[86] GROSSMAN, MICHAEL, KAESTNER R. Effects of education on health [M]. Ann Arbor: University of Michigan Press, 1997, 69 – 123.

[87] GUL F A, KIM J, QIU A A. Ownership concentration, foreign shareholding, audit quality, and stock price synchronicity: evidence from China [J]. Journal of Financial Economics, 2010, 95 (3): 425 – 442.

[88] HALES J, WANG L W, WILLIAMSON M G. Selection benefits of stock – based compensation for the rank – and – file [J]. The Accounting Review, 2014, 90 (4): 1497 – 1516.

[89] HANNA R, OLIVA P. The effect of pollution on labor supply: evidence from a natural experiment in Mexico City [J]. Journal of Public Economics, 2015, 122: 68 – 79.

[90] HANSSON P. Relative demand for skills in Swedish manufacturing: technology or trade? [J]. Review of International Economics, 2000, 8 (3): 533 –

555.

［91］ HART O D. The market mechanism as an incentive scheme ［J］. Bell Journal of Economics，1983，14 （2）：366－382.

［92］ HAW I M，HU B，LEE J J. Product market competition and analyst forecasting activity：international evidence ［J］. Journal of Banking & Finance，2015，56：48－60.

［93］ HE G，FAN M，ZHOU M. The effect of air pollution on mortality in China：evidence from the 2008 Beijing Olympic Games ［J］. Journal of Environmental Economics and Management，2016，79：18－39.

［94］ HE J，LIU H，Salvo A. Severe air pollution and labor productivity：evidence from industrial towns in China ［J］. American Economic Journal：Applied Economics，2019，11 （1），173－201.

［95］ HOBERG G，PHILLIPS G，PRABHALA N. Product market threats，payouts，and financial flexibility ［J］. The Journal of Finance，2014，69 （1），293－324.

［96］ HOCHBERG Y V，LINDSEY L. Incentives，targeting，and firm performance：an analysis of non－executive stock options ［J］. Review of Financial Studies，2010，23 （11）：4148－4186.

［97］ HOLMES T J，Schmitz Jr，J. A. A gain from trade：from unproductive to productive entrepreneurship ［J］. Journal of Monetary Economics，2001，47 （2）：417－446.

［98］ HOLMES T J，Schmitz Jr，J. A. Competition and productivity：a review of evidence ［J］. Annual Review of Economics，2010，2 （1）：619－642.

［99］ HORN H，LANG H，LUNDGREN S. Managerial effort incentives，X－inefficiency and international trade ［J］. European Economic Review，1995，39 （1）：117－138.

［100］ HSIEH C Y，SONG Z. Grasp the large，let go of the small：The transformation of the state sector in China. NBER working paper，2015，No. w21006.

［101］ HU X，OLIVER L Z，LIN Y. Particles，pollutions and prices. SSRN working paper，2014.

［102］ IRVINE P J，PONTIFF J. Idiosyncratic return volatility，cash flows， and product market competition [J]. Review of Financial Studies, 2009, 22 (3): 1149 - 1177.

[103] ITTNER C D, LAMBERT R A, LARCKER D F. The structure and performance consequences of equity grants to employees of new economy firms [J]. Journal of Accounting and Economics, 2003, 34 (1 - 3): 89 - 127.

[104] JAGANNATHAN R, SRINIVASAN S B. Does product market competition reduce agency costs? [J]. North American Journal of Economics & Finance, 2000, 10 (2): 387 - 399.

[105] JAYACHANDRAN S. Air quality and early - life mortality: evidence from Indonesia's wildfires [J]. The Journal of Human Resources, 2009, 44 (4): 916 - 954.

[106] JENSEN M C, MECKLING W H. Theory of the firm: managerial behavior, agency costs and ownership structure [J]. Journal of Financial Economics, 1976, 3 (4): 305 - 360.

[107] JONE D C, KATO T. The productivity effects of employee stock - ownership plans and bonuses: Evidence from Japanese panel data [J]. The American Economic Review, 1995, 85 (3): 391 - 414.

[108] JONES J J. Earnings management during import relief investigations [J]. Journal of Accounting Research, 1991, 29 (2): 193 - 228.

[109] JUNG B, LEE W J, WEBER D P. Financial reporting quality and labor investment efficiency [J]. Contemporary Accounting Research, 2014, 31 (4): 1047 - 1076.

[110] KIM E H, OUIMET P. Broad - based employee stock ownership: motives and outcomes [J]. The Journal of Finance, 2014, 69 (3): 1273 - 1319.

[111] KUMAR U, MISHRA P. Trade liberalization and wage inequality: evidence from India [J]. Review of Development Economics, 2008, 12 (2): 291 - 311.

[112] KUMBHAKAR S C, DUNBAR A E. The elusive ESOP - productivity link: evidence from U. S. firm - level data [J]. Journal of Public Economics, 1993, 52 (2): 273 - 283.

[113] LAKSMANA I, YANG Y. Product market competition and earnings man-

agement: evidence from discretionary accruals and real activity manipulation [J]. Advances in Accounting, 2014, 30 (2): 263 - 275.

[114] LAVY V, EBENSTEIN A, ROTH S. The impact of air pollution on cognitive performance and human capital formation. SSRN working paper, 2012.

[115] LEPORI G M. Environmental stressors, mood, and trading decisions: evidence from ambient air pollution. SSRN working paper, 2009.

[116] LEVINSOHN J, PETRIN A. Estimating production functions using inputs to control for unobservables [J]. The Review of Economic Studies, 2003, 70 (2): 317 - 341.

[117] Li H, Li Z. Road investments and inventory reduction: firm level evidence from China [J]. Journal of Urban Economics, 2013, 76: 43 - 52.

[118] Li S, ZHAN X. Product market threats and stock crash risk. Working paper, 2014.

[119] LICHTER A, PESTEL N, SOMMER E. Productivity effects of air pollution: evidence from professional soccer [J]. Labour Economics, 2017, 48: 54 - 66.

[120] LOUGNRAN T. The impact of firm location on equity issuance. Financial Management, 2008, 37 (1): 1 - 21.

[121] LUMENGA - NESO O, OLARREAGA M, SCHIFF M. On "indirect" trade - related R&D Spillovers [J]. European Economic Review, 2005, 49 (7): 1785 - 1798.

[122] MANKIW N G, REIS R. Sticky information versus sticky prices: a proposal to replace the New Keynesian phillips curve [J]. The Quarterly Journal of Economics, 2002, 117 (4): 1295 - 1328.

[123] MANKIW N G, REIS R. Pervasive stickiness [J]. The American Economic Review, 2006, 96 (2): 164 - 169.

[124] MATTEI M M, PLATIKANOVA. Do product market threats affect analyst forecast precision? [J]. Review of Accounting Studies, 2017, 22 (4): 1628 - 1665.

[125] MENG R, NING X, ZHOU X, et al. Do ESOPs enhance firm performance? Evidence from China's reform experiment [J]. Journal of Banking and Finance,

2011, 35 (6): 1541 – 1551.

[126] MYERS D. Internal monitoring of quality of life for economic development [J]. Economic Development Quarterly, 1987, 1 (3): 268 – 278.

[127] NICKELL S J. Competition and corporate performance [J]. Journal of Political Economy, 1996, 104 (4): 724 – 746.

[128] NOREEN E, SODERSTROM N. The accuracy of proportional cost models: evidence from hospital service departments [J]. Review of Accounting Studies, 1997, 2 (1): 89 – 114.

[129] OLLEY G S, PAKES A. The dynamics of productivity in the telecommunications equipment industry [J]. Econometrica, 1996, 64 (6): 1263 – 1297.

[130] OYER P, SCHARFER S. Why do some firms give stock options to all employees? An empirical examination of alternative theories [J]. Journal of Financial Economics, 2005, 76 (1): 99 – 133.

[131] OYER P. Why do firms use incentives that have no incentive effects? [J]. The Journal of Finance, 2004, 59 (4): 1619 – 1650.

[132] PARK H, LEE B, HA E H, et al. Association of air pollution with school absenteeism due to illness [J]. Arch. Pediatr. Adolesc. Med, 2002, 156 (12): 1235 – 1239.

[133] PERESS J. Product market competition, insider trading, and stock market efficiency [J]. The Journal of Finance, 2010, 65 (1): 1 – 43.

[134] PERKINS D H, THOMAS G R. Forecasting China's economic growth to 2025 [J]. China's Great Economic Transformation, 2008, 829 – 886.

[135] PETERSEN M A, RAJAN R G. Does distance still matter? The information revolution in small business lending [J]. The Journal of Finance, 2002, 57 (6): 2533 – 2570.

[136] PFANN G A, PALM F C. Asymmetric adjustment costs in non – linear labour demand models for the Netherlands and U. K. manufacturing sectors [J]. Review of Economic Studies, 1993, 60 (2): 297 – 312.

[137] PINNICK M, LILLIS A. Profits versus losses: does reporting an accounting loss act as a heuristic trigger to exercise the abandonment option and divest employees? [J]. The Accounting Review, 2007, 82 (4): 1031 – 1053.

[138] POPE C A. Respiratory disease associated with community air pollution and a steel mill, Utah Valley [J]. American Journal of Public Health, 1989, 79 (5): 623 – 628.

[139] POWER T M. The economic value of the quality of life [M]. Boulder, CO: Westview Press, 1980.

[140] Qin Y, Zhu H. Run away? Air pollution and emigration interests in China [J]. Journal of Population Economics. 2018, 31 (1): 235 – 266.

[141] RAITH M. Competition, risk, and managerial incentives [J]. The American Economic Review, 2003, 93 (4): 1425 – 1436.

[142] RANSOM M R, POPE C A. Elementary school absences and PM10 pollution in Utah Valley [J]. Environmental Research, 1992, 58 (1): 204 – 219.

[143] RANSOM M R, POPE C A. External health costs of a steel mill [J]. Contemporary Economic Policy, 1995, 13 (2): 86 – 97.

[144] RICHARDSON S. Over – investment of free cash flow [J]. Review of Accounting Studies, 2006, 11 (2 – 3): 159 – 189.

[145] ROBACK J. Wages, rents, and the quality of life [J]. Journal of Political Economy, 1982, 90 (6): 1257 – 1278.

[146] ROMER P M. Increasing returns and long – run growth [J]. Journal of Political Economy, 1986, 94 (5): 1002 – 1037.

[147] ROSENBAUM P R, RUBIN D B. The central role of the propensity score in observational studies for causal effects [J]. Biometrika, 1983, 70 (1): 41 – 55.

[148] ROYCHOWDHURY S. Earnings management through real activities manipulation [J]. Journal of Accounting and Economics, 2006, 42 (3): 335 – 370.

[149] SANDERS N J, STOECKER C. Where have all the young men gone? Using sex ratios to measure fetal death rates [J]. Journal of Health Economics, 2015, 41: 30 – 45.

[150] SCHMIDT K M. Managerial incentives and product market competition [J]. The Review of Economic Studies, 1997, 64 (2): 191 – 213.

[151] SESIL J C, KROUMOVA M K, BLASI J R, et al. Broad – based employee stock options in US 'new economy' firms [J]. British Journal of Industrial Relations, 2002, 40 (2): 273 – 294.

[152] SHAW S, FANG Z, LU S, et al. Impacts of high – speed rail on railroad network accessibility in China [J]. Journal of Transport Geography, 2014, 40: 112 – 122.

[153] CHEN S, OLIVA P, ZHANG P. The effect of air pollution on migration: evidence from China. NBER Working Paper 24036, 2017.

[154] SIMUNIC D A. The pricing of audit services: theory and evidence. Journal of Accounting Research, 1980, 18 (1): 161 – 190.

[155] STAFFORD T M. Indoor air quality and academic performance [J]. Journal of Environmental Economics and Management, 2015, 70: 34 – 50.

[156] STIGLER G J. The theory of economic regulation [J]. the Bell Journal of Economics and Management Science, 1971, 2 (1): 3 – 21.

[157] STRAUSS J, THOMAS D. Health, nutrition, and economic development [J]. Journal of Economic Literature, 1998, 36 (2): 766 – 817.

[158] SUBRAMANIAM C, WATSON M W. Additional evidence on the sticky behavior of costs. SSRN working paper, 2003.

[159] US GAO. Employee stock ownership plans: Little evidence of effects on corporate performance [J]. GAO/PEMDS – 88 – 1, US General Accounting Office: Washington DC, 1987, 10 – 13.

[160] VALTA P. Competition and the cost of debt [J]. Journal of Financial Economics, 2012, 105 (3): 661 – 682.

[161] VERRECCHIA R E, WEBER J. Redacted disclosure [J]. Journal of Accounting Research, 2006, 44 (4), 791 – 814.

[162] WANG Q, WONG T J, XIA L. State ownership, the institutional environment, and auditor choice: evidence from China [J]. Journal of Accounting and Economics, 2008, 46 (1): 112 – 134.

[163] WANG Y, CHUI A C W. Product market competition and audit fees [J]. AUDITING: A Journal of Practice & Theory, 2014, 34 (4): 139 – 156.

[164] WEISS D. Cost behavior and analysts' earnings forecasts [J]. The Accounting Review, 2010, 85 (4): 1441 – 1471.

[165] WOODFORD M. Information – constrained state – dependent pricing [J]. Journal of Monetary Economics, 2009, 56, Supplement: S100 – S124.

[166] WORLD BANK. Cost of pollution in China [M]. World Bank, East Asia and Pacific Region, 2007.

[167] YANG G, WANG Y, ZENG Y, et al. Rapid health transition in China, 1990 – 2010: findings from the global burden of disease study 2010 [J]. The Lancet, 2013, 381 (9882): 1987 – 2015.

[168] ZABOJNIK J. Stock – based compensation plans and employee incentives. Queen's Economics Department Working Paper, 2014, No. 1325.

[169] ZANG A Y. Evidence on the trade – off between real activities manipulation and accrual – based earnings management [J]. The Accounting Review, 2011, 87 (2): 675 – 703.

[170] ZHENG S, KAHN M E, SUN W, et al. Incentives for China's urban mayors to mitigate pollution externalities: the role of the central government and public environmentalism [J]. Regional Science and Urban Economics, 2014, 47: 61 – 71.

[171] ZWEIG J S, HAM J C, AVOL E L. Air pollution and academic performance: evidence from California schools. SSRN Working Paper, 2009.

[172] 白重恩，刘俏，陆洲，宋敏，张俊喜. 中国上市公司治理结构的实证研 [J]. 经济研究，2005 (05).

[173] 步丹璐，白晓丹. 员工薪酬、薪酬差距和员工离职 [J]. 中国经济问题，2013 (01).

[174] 曹春芳，林雁. 异地独董、履职职能与公司过度投资 [J]. 南开管理评论，2017 (01).

[175] 陈德球，李思飞，王丛. 政府质量、终极产权与公司现金持有 [J]. 管理世界，2011 (11).

[176] 陈冬华，陈信元，万华林. 国有企业中的薪酬管制与在职消费 [J]. 经济研究，2005 (02).

[177] 陈冬华，沈洁，蒋德权. 费用粘性与盈余信息质量. 工作论文，2014.

[178] 陈磊，宋乐，施丹. 企业的成本粘性被高估了吗？基于中国上市公司的实证研究 [J]. 中国会计评论，2012 (01).

[179] 陈硕，陈婷. 空气质量与公共健康例 [J]. 经济研究，2014 (08).

[180] 褚剑，方军雄. 中国式融资融券制度安排与股价崩盘风险的恶化

[J]. 经济研究，2016 (05).

[181] 代昀昊，孔东民. 高管海外经历是否能提升企业投资效率 [J]. 世界经济，2017 (01).

[182] 戴觅，余淼杰. 企业出口前研发投入、出口及生产率进步——来自中国制造业企业的证据 [J]. 经济学（季刊），2012 (01).

[183] 邓可斌，丁重. 中国为什么缺乏创造性破坏？——基于上市公司特质信息的经验证据 [J]. 经济研究，2010 (06).

[184] 董艳梅，朱英明. 高铁建设能否重塑中国的经济空间布局——基于就业、工资和经济增长的区域异质性视角 [J]. 中国工业经济，2016 (10).

[185] 杜兴强，侯菲，赖少娟. 交通基础设施改善抑制了审计师选择的"地缘偏好"吗？——基于中国高速列车自然实验背景的经验证据 [J]. 审计研究，2018 (01).

[186] 杜兴强，彭妙薇. 高铁开通会促进企业高级人才的流动吗？[J]. 经济管理，2017 (12).

[187] 杜兴强，周泽将，杜颖洁. 政治联系、审计师选择的"地缘"偏好与审计意见——基于国有上市公司的经验证据 [J]. 审计研究，2011 (02).

[188] 樊纲，王小鲁，朱恒鹏. 中国市场化指数——各地区市场化相对进程报告2009年报告 [M]. 经济科学出版社，2010.

[189] 樊纲，王小鲁，朱恒鹏. 中国市场化指数：各地场化相对进程2011年报告 [M]. 经济科学出版社，2011年。

[190] 范剑勇，冯猛，李方文. 产业集聚与企业全要素生产率 [J]. 世界经济，2014 (05).

[191] 方军雄. 市场化进程与资本配置效率的改善 [J]. 经济研究，2006 (05).

[192] 龚启辉，刘慧龙，申慧慧. 地区要素市场发育、国有控股与成本和费用粘性 [J]. 中国会计评论，2010 (04).

[193] 郭庆旺，贾俊雪. 中国全要素生产率的估算：1979－2004 [J]. 经济研究，2005 (06).

[194] 郭永济，张谊浩. 空气质量会影响股票市场吗？ [J]. 金融研究，2016 (02).

[195] 黄桂田，张悦. 国有公司员工持股绩效的实证分析——基于1302家

公司的样本数据［J］．经济科学，2009（04）．

［196］黄平．解雇成本、就业与产业转型升级——基于《劳动合同法》和来自中国上市公司的证据［J］．南开经济研究，2012（03）．

［197］黄群慧，余菁，王欣，邵婧婷．新时期中国员工持股制度研究［J］．中国工业经济，2014（07）．

［198］黄速建，余菁．国有企业的性质、目标与社会责任［J］．中国工业经济，2006（02）．

［199］黄速建，余菁．企业员工持股的制度性质及其中国实践［J］．经济管理，2015（04）．

［200］黄兴孪，沈维涛．政府干预、内部人控制与上市公司并购绩效［J］．经济管理，2009（06）．

［201］简泽，段永瑞．企业异质性、竞争与全要素生产率的收敛［J］．管理世界，2012（08）．

［202］江伟，胡玉明．企业成本费用粘性：文献回顾与展望［J］．会计研究，2011（09）．

［203］姜付秀，黄继承，李丰也，任梦杰．谁选择了财务经历的CEO？［J］．管理世界，2012（02）．

［204］姜付秀，黄磊，张敏．产品市场竞争，公司治理与代理成本［J］．世界经济，2009（10）．

［205］蒋琰，陆正飞．公司治理与股权融资成本——单一与综合机制的治理效应研究［J］．数量经济技术经济研究，2009（02）．

［206］孔东民，代昀昊，李阳．政策冲击、市场环境与国企生产效率：现状、趋势与发展［J］．管理世界，2014（08）．

［207］孔东民，王亚男，代昀昊．为何企业上市降低了生产效率？——基于制度激励视角的研究［J］．金融研究，2015（07）．

［208］孔东民，刘莎莎，应千伟．公司行为中的媒体角色：激浊扬清还是推波助澜？［J］．管理世界，2013（07）．

［209］孔东民，谭伟强．最终控制人、政府背景与企业投资［J］．广东金融学院学报，2011（01）．

［210］孔玉生，朱乃平，孔庆根．成本粘性研究：来自中国上市公司的经验证据［J］．会计研究，2007（11）．

［211］雷光勇，刘慧龙．市场化进程、最终控制人性质与现金股利行为——来自中国A股公司的经验证据［J］．管理世界，2007（07）．

［212］黎文靖，郑曼妮．空气污染的治理机制及其作用效果［J］．中国工业经济，2016（04）．

［213］黎文靖，郑陶陶．进口竞争提高了审计收费吗？——基于经营风险理论［J］．审计与经济研究，2018（04）．

［214］黎文靖，郑曼妮．何去何从：贸易保护还是开放竞争？——来自微观企业创新的证据［J］．财经研究，2018（03）．

［215］李佳．空气污染对劳动力供给的影响研究——来自中国的经验证据［J］．中国经济问题，2014（05）．

［216］李欣泽，纪小乐，周灵灵．高铁能改善企业资源配置吗？——来自中国工业企业数据库和高铁地理数据的微观证据［J］．经济评论，2017（06）．

［217］李增泉，孙铮，王志伟．"掏空"与所有权安排——来自我国上市公司大股东资金占用的经验证据［J］．会计研究，2004（12）．

［218］梁若冰，席鹏辉．轨道交通对空气污染的异质性影响［J］．中国工业经济，2016（03）．

［219］梁上坤，董宣君．行业竞争程度与成本费用粘性［J］．现代管理科学，2013（07）．

［220］梁上坤．机构投资者持股会影响公司费用粘性吗？［J］．管理世界，2018（12）．

［221］梁上坤．媒体关注、信息环境与公司费用粘性［J］．中国工业经济，2017（02）．

［222］梁上坤，陈冬，胡晓莉．外部审计师类型与上市公司费用粘性［J］．会计研究，2015（02）．

［223］廖冠民，沈红波．国有企业的政策性负担：动因、后果及治理［J］．中国工业经济，2014（06）．

［224］林毅夫，李志赟．政策性负担、道德风险与预算软约束［J］．经济研究，2004（02）．

［225］林毅夫，刘明兴，章奇．政策性负担与企业的预算软约束：来自中国的实证研究［J］．管理世界，2004（08）．

［226］刘江会，朱敏．地理因素会影响中国企业IPO的成本吗？——基于

"软信息不对称"的视角［J］. 经济管理，2015（10）.

［227］刘晋，赵丽萍. 市场竞争程度对成本粘性影响的实证研究——基于深沪主板上市企业的数据［J］. 会计之友，2015（11）.

［228］刘生龙，胡鞍钢. 交通基础设施与中国区域经济一体化［J］. 经济研究，2011（03）.

［229］刘武. 企业费用"粘性"行为：基于行业差异的实证研究［J］. 中国工业经济，2006（12）.

［230］刘小玄，吴延兵. 企业生产率增长及来源：创新还是需求拉动［J］. 经济研究，2009（07）.

［231］刘媛媛，刘斌. 劳动保护、成本粘性与企业应对［J］. 经济研究，2014（05）.

［232］龙小宁，高翔. 交通基础设施与制造业企业生产率——来自县级高速公路和中国工业企业数据库的证据［J］. 华中师范大学学报（人文社会科学版），2014（05）.

［233］龙玉，赵海龙，张新德，李曜. 时空压缩下的风险投资——高铁通车与风险投资区域变化［J］. 经济研究，2017（04）.

［234］鲁晓东，连玉君. 中国工业企业全要素生产率估计：1999 - 2007［J］. 经济学（季刊），2012（02）.

［235］罗宏，曾永良. 外部审计、产权性质与费用粘性［J］. 南京审计学院学报，2015（02）.

［236］罗宏，黄文华. 国企分红、在职消费与公司业绩［J］. 管理世界，2008（09）.

［237］马丽梅，张晓. 中国雾霾污染的空间效应及经济、能源结构影响［J］. 中国工业经济，2014（04）.

［238］毛其淋，许家云. 中间品贸易自由化与制造业就业变动——来自中国加入 WTO 的微观证据［J］. 经济研究，2016（01）.

［239］聂辉华，张彧，江艇. 中国地区腐败对企业全要素生产率的影响［J］. 中国软科学，2014（05）.

［240］潘红波，夏新平，余明桂. 政府干预、政治关联与地方国有企业并购［J］经济研究，2008（04）.

［241］平新乔，范瑛，郝朝艳. 中国国有企业代理成本的实证分析［J］.

经济研究，2003（11）.

[242] 权小锋，吴世农，文芳．管理层权力、私有收益与薪酬操纵［J］．经济研究，2010（11）.

[243] 饶品贵，岳衡，姜国华．经济政策不确定性与企业投资行为研究［J］．世界经济，2017（02）.

[244] 申慧慧，于鹏，吴联生．国有股权，环境不确定性与投资效率［J］．经济研究，2012（07）.

[245] 石庆玲，郭峰，陈诗一．雾霾治理中的“政治性蓝天”［J］．中国工业经济，2016（05）.

[246] 孙铮，刘凤委，李增泉．市场化程度、政府干预与企业债务期限结构——来自我国上市公司的经验证据［J］．经济研究，2005（05）.

[247] 孙铮，刘浩．中国上市公司费用“粘性”行为研究［J］．经济研究，2004（12）.

[248] 唐跃军，赵武阳．二元劳工市场、解雇保护与劳动合同法［J］．南开经济研究，2009（01）.

[249] 涂正革，肖耿．中国大中型工业的成本效率分析：1995～2002［J］．世界经济，2007（07）.

[250] 万寿义，徐圣男．中国上市公司费用粘性行为的经验证据——基于上市公司实质控制人性质不同的视角［J］．审计与经济研究，2012（04）.

[251] 王晋斌，李振仲．内部职工持股计划与企业绩效——对西方和我国企业案例的考察［J］．经济研究，1998（05）.

[252] 王晋斌．为什么中国上市公司的内部职工持股计划不成功［J］．金融研究，2005（10）.

[253] 王军．新凯恩斯主义粘性信息理论述评［J］．管理世界，2009（08）.

[254] 王克敏，陈井勇．股权结构、投资者保护与公司绩效［J］．管理世界，2004（07）.

[255] 王克敏，刘静，李晓溪．产业政策、政府支持与公司投资效率研究［J］．管理世界，2017（03）.

[256] 王敏，黄滢．中国的环境污染与经济增长［J］．经济学（季刊），2015（02）.

[257] 王艳艳，于李胜．国有银行贷款与股价同步性［J］．会计研究，2013（07）．

[258] 巫强，葛玉好．工资增长与岗位创造［J］．世界经济文汇，2014（03）．

[259] 吴世农．公司财务的研究历史、现状与展望［J］．南开管理评论，2018（03）．

[260] 席鹏辉，梁若冰．空气污染对地方环保投入的影响［J］．统计研究，2015（09）．

[261] 席鹏辉，梁若冰．油价变动对空气污染的影响［J］．中国工业经济，2015（10）．

[262] 夏纪军，张晏．控制权与激励的冲突——兼对股权激励有效性的实证分析［J］．经济研究，2008（03）．

[263] 夏立军，方轶强．政府控制、治理环境与公司价值——来自中国证券市场的经验证据［J］．经济研究，2005（05）．

[264] 夏芸，唐清泉．最终控制人、高管薪酬与技术创新［J］．山西财经大学学报，2011（05）．

[265] 辛清泉，林斌，王彦超．政府控制、经理薪酬与资本投资［J］．经济研究，2007（08）．

[266] 邢立全，陈汉文．产品市场竞争、竞争地位与审计收费——基于代理成本与经营风险的双重考量［J］．审计研究，2013（03）．

[267] 徐鸿翔，张文彬．空气污染对劳动力供给的影响效应研究——理论分析与实证检验［J］．软科学，2017（03）．

[268] 伊志宏，姜付秀，秦义虎．产品市场竞争、公司治理与信息披露质量［J］．管理世界，2010（01）．

[269] 尹志超，甘犁．香烟、美酒和收入［J］．经济研究，2010（10）．

[270] 余玉苗．中国上市公司审计市场结构的初步分析［J］．经济评论，2001（03）．

[271] 张杰，李克，刘志彪．市场化转型与企业生产效率——中国的经验研究［J］．经济学（季刊），2011（02）．

[272] 张克中，陶东杰．交通基础设施的经济分布效应——来自高铁开通的证据［J］．经济学动态，2016（06）．

［273］张敏，童丽静，许浩然．社会网络与企业风险承担——基于我国上市公司的经验证据［J］．管理世界，2015（11）．

［274］张天舒，黄俊．金融危机下审计收费风险溢价的研究［J］．会计研究，2013（05）．

［275］张小宁．经营者报酬、员工持股与上市公司绩效分析［J］．世界经济，2002（10）．

［276］张勋，王旭，万广华，孙芳城．交通基础设施促进经济增长的一个综合框架［J］．经济研究，2018（01）．

［277］赵春明，李宏兵．出口开放、高等教育扩展与学历工资差距［J］．世界经济，2014（05）．

［278］赵静，黄敬昌，刘峰．高铁开通与股价崩盘风险［J］．管理世界，2018（01）．

［279］中国社会科学院工业经济研究所课题组．论新时期全面深化国有经济改革重大任务［J］．中国工业经济，2014（09）．